Henrik Meyer

Brot backen leicht gemacht!

Knusprige Brote
aus dem eigenen Ofen

www.redfox-verlag.de

1. Auflage 2022
Copyright © Henrik Meyer

Alle Rechte vorbehalten.

Nachdruck, auch in Auszügen, nicht gestattet.

Kein Teil dieses Werkes darf ohne schriftliche Genehmigung des Autoren in irgendeiner Form reproduziert, vervielfältigt oder verbreitet werden.

ISBN Taschenbuch: 978-3-907420-04-1
ISBN Hardcover: 978-3-907420-05-8

Lektorat: Marc Hilberer
Formatierung: Giorgia Mascara (@gio_bookdesign)
Druck und Bindung: Amazon Media EU SARL
Kontakt: Michael Stüssi / Seestrasse 65 / 8820 Wädenswil

Für Fragen und Anregungen
kontakt@redfox-verlag.de

Inhalt

So backst du Brot – aber richtig! ... 7

Die Grundzutaten ... 9

    Das Getreide ... 9
    Das Mehl ... 9
    Weizenmehl ... 11
    Roggenmehl ... 11
    Dinkelmehl ... 11
    Die Hefe ... 12
    Das Wasser ... 12
    Das Salz ... 13
    Die Brotgewürze ... 13

Nützliche Küchenutensilien ... 14

    Die digitale Küchenwaage ... 14
    Die Teigkarte ... 14
    Das Messer ... 15
    Rundholz ... 15
    Das Gärkörbchen ... 15
    Die Stofftücher ... 16
    Kastenform ... 16
    Das Sieb ... 17
    Die Sprühflasche ... 17
    Die Küchenmaschine ... 17

Vom Mehl über den Teig zum fertigen Brot ... 18

    Tipps und Tricks vom Profi ... 18
    Die richtige Temperatur beim Gehen oder Gären lassen ... 19
    Die Teigruhe ... 19
    Die Hefe ... 20
    Das Kneten ... 20
    Lagern und Haltbarkeit ... 20

Sauerteig Grundrezept ... 21

Rezepte-Welt 23

1. Buttermilch-Brot — 24
2. Buttermilchzwiebelbrot — 26
3. Einfaches Weißbrot — 27
4. Dinkelbrot — 29
5. Honig-Salz-Brot — 30
6. Knäckebrot — 32
7. Kräftiges Roggenbrot — 34
8. Kürbiskern-Sonnenblumenkern-Brot — 36
9. Paderborner Komißbrot — 37
10. Gersterbrot — 38
11. Hutzelbrot — 40
12. Grahambrot — 43
13. Haferflockenbrot — 45
14. Leinsamenbrot — 47
15. Körnerbrötchen / Körnerbrot — 48
16. Orangen-Buttermilch-Brot — 50
17. Pumpernickel — 53
18. Sechskornbrot — 54
19. Sauerteig-Mischbrot — 55
20. Rheinisches Schwarzbrot — 56
21. Sauerteigbrot — 58
22. Volles 6-Kornbrot — 60
23. Dinkel-Roggen-Mischbrot — 61
24. Weizenschrotbrot mit Trinkmolke — 62
25. Kärntner-Hausbrot — 63
26. Haselnussbrot — 64
27. Knoblauchbrot — 66
28. Baguette — 67
29. Bananenbrot, pikant — 68
30. Rundes Bauernbrot — 71
31. Bierbrot — 72
32. Böhmisches Osterbrot — 73
33. Briochebrot — 74
34. Chia-Brot — 76
35. Kürbis-Brot — 77
36. Walnuss-Baguettes — 78
37. Wurzelbrot — 80

38.	Haferflockenbrot	81
39.	Walnussbrot	82
40.	Vollkornbrot	84
41.	Kartoffelbrot	85
42.	Bauernbrot	86
43.	Käsebrot	88
44.	Amarant-Dinkelbrot	89
45.	Roggen-Sauerteigbrot	90
46.	Vollwert-Knäckebrot	91
47.	Glutenfreies Kürbiskern-Brot	92
48.	Dinkelbrot mit Kräutern und Röstzwiebeln	93
49.	Kartoffel-Oliven-Brot	95
50.	Käse-Zwiebel-Brot	97
51.	Lembas-Brot	98
52.	Walnuss-Bananen-Brot	100
53.	Weizen-Roggen-Haferbrot	101
54.	Low-Carb-Brot	102
55.	Pesto-Basilikum-Brot	103
56.	Schwarzbrot	104
57.	Hafer-Joghurt-Brot	105
58.	Kürbiskern-Roggenschrot-Brot	106
59.	Curry-Kürbis-Cashewkern-Brot	107
60.	Hirse-Brot	108
61.	Vegetarisches Kräuterbrot	110
62.	Stockbrot	111
63.	Focaccia mit Rosmarin und Olivenöl	112
64.	Würziges Zucchini-Brot	114
65.	Kartoffel-Rosmarin-Brot	116
66.	Polka-dot-Brot	118
67.	Eiweiß-Dinkelbrot	119
68.	Kerniges Sechskornbrot	120
69.	Pfannenbrot	121
70.	„No-knead bread" – Brot ohne Kneten	122
71.	Busy-People-Brot	124
72.	Vollkorn-Fladenbrot mit Frühlingsquark	126
73.	Kartoffel-Apfel-Brot	128
74.	Wurzelbrot	129
75.	Hafer-Kartoffel-Brot	131

76. strudeltes Partybrot	132
77. Indisches Naan-Brot aus der Pfanne mit Joghurt-Aioli	134
78. Hefebrot mit Chili, Cheddarkäse und Mais	136
79. Roggenbrot mit Sauerteig	138
80. Buttermilchbrot	139
81. Dinkelbrot ohne Hefe	140
82. Essener Brot	141
83. Buchweizenbrot vegan	142
84. Eiweißbrot	144
85. Glutenfreies Brot	145
86. Schwarzbrot mit Roggenschrot	146
87. Walnussbrot	148
88. Brot ohne Mehl	151
89. Paleo-Brot	152
90. Basisches Buchweizenbrot	154
91. 3 min-Brot	155
92. Pita Brot	156
93. Veganes Naan-Brot	158
94. Ciabatta Brot	160
95. Zupfbrot	162
96. Grillbrot	164
97. Brot nach Vinschgauer Art ohne Kneten	165
98. Schwäbisches Genetztes	166
99. Dinkel-Buchweizen-Brot	168
100. Dinkel-Walnuss-Brot mit Aprikosen-Mango-Aufstrich	169
Haftungsausschluss	**170**
Urheberrecht	**171**

So backst du Brot – aber richtig!

Zuerst einmal möchte ich mich dir einmal kurz vorstellen. Ich bin Henrik Meyer, geboren 1981 in Wildeshausen. Ich bin Bäcker, genauso wie schon mein Vater vor mir und auch mein Großvater. Das Backen liegt uns wirklich im Blut. So sehr, dass ich nun der Besitzer unserer Familienbäckerei bin und das schon in der dritten Generation. Selbst bin ich auch Vater dreier wundervoller Kinder und hoffe, dass ich ihnen meine Liebe zum Backen genauso gut vermitteln kann, wie ich in diesem Buch versuche, sie dir zu vermitteln. Ich wünsche dir viel Erfolg, aber vor allem Spaß dabei, selbst zu entdecken, wie toll das Backen von Brot ist.

Anfangen will ich aber damit, dass ich dir mehr über die Geschichte des Brotes erzähle. Denn Brot ist nicht einfach nur ein Lebensmittel, vielmehr ist es eine der Säulen unserer Zivilisation. Denn Brot eignete sich wunderbar, um Menschen schnell und vor allem vergleichsweise einfach mit Nahrung zu versorgen, wodurch es möglich wurde, auch große Städte zu errichten. So konnten immer mehr Menschen in Städten und Siedlungen zusammenleben, mussten keine eigene Wirtschaft mehr betreiben und konnten sich so in anderen Gebieten spezialisieren. Ein wichtiger Schritt von Jägern und Sammlern hin zu sesshaften Menschen. Dass Brot so ein zentraler Bestandteil unserer Geschichte ist, siehst du auch daran, dass fast jede Kultur eine eigene ganz charakteristische Brotform entwickelt hat. So haben wir in Deutschland das Graubrot, in der Türkei das Fladenbrot und in Indien das Naan-Brot. Daneben gibt es noch viele weitere Beispiele.

Vielleicht fragst du dich nun aber, wieso ich als Bäcker dir meine Tipps und Tricks verrate. Nehme ich mir damit nicht meine eigenen Kunden weg? Das glaube ich kaum und selbst wenn jeder um mich herum sein eigenes Brot backen würde, dann habe ich noch andere Spezialitäten, die ich anbieten könnte. Viel wichtiger ist es mir, dass ich dir und den anderen Lesern dieses Buches ein ganz neues Verhältnis zu Brot vermitteln möchte. Denn jeder von uns hat schon Brot gegessen, aber wer von uns hat bereits einmal sein eigenes Brot gebacken? Ich verspreche dir, dass du Brot nicht mehr als einfache Grundlage zum Abendbrot oder Frühstück betrachten wirst, wenn du erlebt hast, wie komplex das Backen eines Brotes ist. Ich verspreche dir aber auch, dass dir noch nie ein Brot so gut geschmeckt haben wird, wie das Erste von dir selbst gebackene.

Die Grundzutaten

Im folgenden Teil möchte ich dir zuerst einmal die Grundzutaten eines Brotes vorstellen, sodass du weißt, was unbedingt in ein Brot gehört. Überdies kannst du aber auch gerne mit anderen Zutaten experimentieren und zum Beispiel Zwiebeln, Oliven, Paprika oder anderes Gemüse mit in dein Brot einbacken.

Das Getreide

Auf die verschiedenen Getreidesorten werde ich im nächsten Punkt eingehen. An dieser Stelle möchte ich dir nur vermitteln, wie essenziell das Getreide für das Brot ist, denn klar ist, ohne Getreide kein Brot. Wenige haben die Möglichkeit, einmal selbst Getreide zu mahlen. Ich würde dir also ans Herz legen, solltest du diese Möglichkeit haben, dann probiere es auch, denn dann kannst du die Entstehung deines Brotes vom Korn bis zum fertigen Brot mitverfolgen.

Das Mehl

Auch wenn das Getreide der Grundstein des Brotes ist, so können wir daraus nicht direkt ein Brot backen. Dazu muss es zuerst einmal zu Mehl gemahlen werden. Dabei ist Mehl aber nicht gleich Mehl. Denn zum einen unterscheiden sich natürlich die einzelnen Getreidesorten, aber auch der verwendete Typ des Mehls. Sicher hast auch du schon einmal Mehlpackungen im Supermarkt gesehen und dich gefragt, wofür denn eigentlich diese Nummer steht. Viele denken, dass es sich dabei um die Feinheit handelt, dabei gibt diese

Nummer an, wie hoch der Mineralstoffgehalt des Mehls ist. Im Allgemeinen gilt, je höher die Typennummer und je höher der Mineralstoffgehalt, desto besser ist ein Mehl zum Brotbacken geeignet.

Deutschland	Österreich	Schweiz
Weizen		
Typ 405	W480	Weissmehl
Typ 550	W700	Weissmehl
Typ 812		Halbweissmehl
Typ 1050	W1600	Ruchmehl
Vollkornmehl	Vollkornmehl	Vollkornmehl
Roggen		
Typ 815	R500 (Roggenvor-schussmehl)	720
Typ 997	R960 (Roggenbrot-mehl)	
Typ 1150		1100
Vollkornmehl	R2500 (Schwarzrog-genmehl)	1900
Dinkel		
Typ 630	D700	Weissmehl
Typ 812		
Typ 1050	D1500	Ruchmehl
Vollkornmehl	Vollkornmehl	Vollkornmehl

Weizenmehl

Weizen ist wohl das Getreide, das den meisten von uns als Erstes in den Sinn kommt, wenn es um Brot und Backen im Allgemeinen geht. Weizen besitzt eine breite Geschmackspalette. So gibt es viele verschiedene Weizensorten, die dem Brot einen nussigen Geschmack verleihen, während andere Sorten zu einem feinsäuerlichen Geschmack führen. Du kannst also mit verschiedenen Weizensorten experimentieren und wirst immer wieder einen ganz eigenen Geschmack erleben.

Roggenmehl

Roggenbrot ist eine sehr feine Spezialität. Reine Roggenbrote, die einen Roggenanteil über 90 % aufweisen, sind eher lokale Spezialitäten, während Roggenmischbrote überall in Deutschland verbreitet und sehr beliebt sind. Wenn du mit Roggen backst, wirst du ein sehr aromatisches Brot backen. Die meisten Menschen beschreiben den Geschmack außerdem als leicht säuerlich, sodass es besonders zu deftigen Speisen und Belägen passt. Je höher die Typennummer des Mehls ist, desto kerniger und dunkler wird das Endergebnis werden.

Dinkelmehl

Dinkel ist eine eher ungewöhnliche Spezialität. Das liegt vorwiegend daran, dass Dinkel teurer als Weizen ist. Dinkel ist zwar robuster und einfacher zu kultivieren als Weizen, besitzt aber auch eine wesentlich niedrigere Ertragsrate. Das macht das überaus gesunde Getreide so teuer. Dinkel besitzt auch einen vollkommen anderen Geschmack als Weizen, da es wesentlich mehr Gluten aufweist als Weizen. Ein Brot aus diesem Mehl schmeckt kräftiger und größtenteils auch süßer als eines, das mit Weizen oder Roggen gebacken wurde.

Die Hefe

Das Wichtigste zuerst: bei Hefe handelt es sich um einen Pilz. Ist das nicht faszinierend? Jeder von uns kennt Hefe, aber weißt du auch, warum sie so wichtig für das Brotbacken ist? Zum einen sorgt die Hefe dafür, dass der Teig aufgeht. Erst das sorgt dafür, dass Brot seine luftige, lockere Struktur erhält und nicht nur ein gebackener Mehlklotz ist. Ein zweiter, aber mindestens genauso wichtiger Effekt ist, dass die Hefe viele der Aromastoffe liefert, die dem Brot seinen ganz eigenen Geschmack verleihen. Die Hefe spaltet manche Bestandteile des Mehls auf und setzt dadurch die Aromen oder die Vorstufen für diese, die sich danach während dem Backen entwickeln, frei.

In den aufgeführten Rezepten entspricht ein Würfel frische Hefe 42 g. Ein Päckchen (Pk.) Trockenhefe entspricht 7 g.

Das Wasser

Wasser ist in zwei Phasen wichtig. Natürlich benötigen wir Wasser für den Teig, aber auch beim Backen im Ofen selbst ist Wasser wichtig. Ohne Wasser könnten wir keinen Teig mischen, der sich kneten lassen würde, und auch danach ist das Wasser noch wichtig, denn zusammen mit der Hefe sorgt es dafür, dass das Innere des Brotes fluffig und weich wird. Aber auch beim Backen selbst ist das Wasser wichtig. Als Bäcker nennen wir es „Schwaden". Das beschreibt das Bedampfen des Brotes während dem Backen. Der Dampf setzt sich auf der Oberfläche ab und aktiviert dort Eiweiße und Stärke. Dies führt dazu, dass die Kruste des Brotes knusprig wird.

Das Salz

„Das Salz der Erde", das ist nicht nur einfach ein Sprichwort. Wusstest du, dass es Zeiten gab, in denen Salz wertvoller war als Gold? Da ist es kein Wunder, dass es essenziell für das Brotbacken zu Hause ist. Das Salz verleiht dem Brot zwar nicht seinen Geschmack, aber es sorgt für intensive Aromen und verstärkt ihn damit. Normalerweise macht Salz etwa zwei Prozent des Brotes aus. Das bedeutet, dass man bei 500 Gramm Mehl etwa 10 Gramm Salz hinzugibt. Das erscheint einem auf den ersten Blick vielleicht als sehr viel, da wir es gewohnt sind, Salz nur prisenweise zu benutzen, aber es verteilt sich am Ende auf das ganze Brot.

Die Brotgewürze

Diese Zutat ist tatsächlich optional. Du kannst auch ohne viele Gewürze ein herrlich schmeckendes Brot backen. Wenn du allerdings schon einige Brote gebacken hast, wirst du vielleicht Appetit auf Abwechslung bekommen. An dieser Stelle kommen die Brotgewürze ins Spiel. Mit ihnen kannst du den Geschmack deiner Brote variieren und vollkommen neue Sorten und Rezepte kreieren. Lass deiner Kreativität freien Lauf und backe Brot, das du nicht einmal bei einem Bäcker kaufen könntest. Fenchel, Kümmel, Anis und Koriander sind die verbreitetsten Gewürze, aber vielleicht hast du ja Lust, in der Adventszeit ein eher weihnachtliches Brot mit Zimtnoten zu backen?

Nützliche Küchenutensilien

Gott sei Dank leben wir nicht mehr in der Steinzeit und heute gibt es allerlei Geräte, die dir beim Brotbacken helfen. Hier stelle ich dir die nützlichsten vor.

Die digitale Küchenwaage

Eigentlich ist es egal, ob es sich um eine digitale oder eine analoge Waage handelt. Die Hauptsache ist, dass du mit ihr umgehen kannst. Weißt du, was der Unterschied zwischen dem Backen und dem Kochen ist? Beim Kochen kann man, selbst wenn etwas schiefgegangen ist, mit allerlei Tricks doch noch das Gericht retten. Beim Backen allerdings muss alles von Anfang richtig gemischt, bearbeitet und zubereitet werden, sonst hast du statt eines Brotes einen Klumpen Teig oder einen harten Ziegel. Es ist also besonders wichtig, dass alle Zutaten in der richtigen Menge beigegeben werden, und dabei hilft dir die Waage..

Die Teigkarte

Eine Teigkarte schaut im ersten Moment vielleicht nach etwas aus, das du eher benutzt, wenn du deine Wände verspachtelst, aber glaub mir, es ist neben der Küchenwaage eines der nützlichsten Werkzeuge beim Brotbacken. Mit der Teigkarte kannst du ganz einfach Teig aus deiner Schüssel schaben und erwischt damit wirklich alles. Sicher hast du auch schon einmal Teig mit einem Löffel aus einer Schüssel gekratzt und wirst dabei festgestellt haben, wie viel dabei in der Schüssel hängen blieb. Mit einer Teigkarte bekommst du fast den gesamten Teig aus der Schüssel. Das macht auch das Putzen der Schüssel wesentlich einfacher.

Das Messer

Kaum zu glauben, aber auch ein Messer benötigt man beim Brot backen. Aber wozu, fragst du dich? Zum einen kann man damit den Teig aufteilen, wenn du mehr als nur ein Brot oder vielleicht auch mehrere Brötchen backen willst. Aber das könnte man ja auch mit der Teigkarte machen. Es gibt aber noch einen anderen guten Grund, um ein Messer beim Backen zu verwenden: das Brot einschneiden. Während des Backens wird die Kruste hart und unnachgiebig, während sich die Luft und das Wasser im Teig teilweise sehr stark ausdehnen. Wenn du die Kruste nicht mit dem Messer einschneidest, gehst du das Risiko ein, dass die Kruste einreißt. Mit einem Brotmesser kannst du diese Risse in der Kruste steuern und dein Brot mit hübschen Mustern versehen.

Rundholz

„Aber ich will doch keine Plätzchen backen", denkst du dir jetzt vielleicht, aber dann verwechselst du das Rundholz mit dem Nudelholz. Klingt beides gleich und beim ersten Mal habe ich den Unterschied auch nicht gekannt. Beim Rundholz handelt es sich um einen kleinen Stab, den man benutzt, um den Teig zu formen. Diese Methode eignet sich auch zum Backen eines „geteilten" Brotlaibs, den man anschließend einfach portionieren kann. Um das zu erreichen, drückt man den Teig nach dem Gehen und Ruhen, beim Formen, mit dem Rundholz ein und erreicht auf diese Weise eine teilweise Teilung des Brotteiges.

Das Gärkörbchen

Das Gärkörbchen, manchmal auch Brotsimperl genannt, ist ein kleines Gefäß aus Ried, das dem Brotteig beim Gären hilft. Wichtig ist dabei das Material. Da das Ried sehr unregelmäßig ist, besitzt das Gärkörbchen keine glatte Oberfläche. Dadurch kann Luft überall an den Brotteig gelangen und er gärt regelmäßig. Du kannst auch eine Schüssel mit einem Leintuch auslegen und danach abdecken, das hat einen ähnlichen Effekt, aber die besten Ergebnisse erzielst du definitiv mit einem Gärkörbchen. Außerdem kannst du so deinem Brot auch eine ganz eigene und besondere Form geben, wenn du möchtest..

Die Stofftücher

Man nennt sie auch Teigtücher oder Bäckerleinen. Vor allem benutzt man sie, um den Teig vor dem Austrocknen zu schützen. Das kann nötig sein, weil manche Brote lange Gär und Ruhezeiten haben. Wenn man den Teig während dieser Zeit nicht abdeckt, trocknet er aus und das Brot wird nicht fluffig, sondern eher zäh und die Kruste wird nicht knusprig, sondern einfach nur hart. Wenn du das also nicht möchtest, solltest du dir auf jeden Fall eines der schweren und dichten Tücher kaufen, mit denen du deinen Teig feucht halten kannst.

Kastenform

Manche Brotteige behalten nicht die Form bei, die sie haben, wenn man sie in den Ofen gibt. Für solche Teige braucht man eine Form, damit das Brot nicht einfach nur ein Klumpen wird, sondern auch eine Brotform besitzt. Daneben beeinflusst die Kastenform allerdings auch die Backzeit, die Kruste und wie sich die Hitze auf das Brot auswirkt. Da Kastenformen meist aus Metall sind, speichern sie die Wärme besonders gut und geben diese dann an das Brot weiter. So verteilt sich die Hitze besser, wirkt intensiver und du bekommst eine Kruste mit einem intensiveren Braunton.

Es gibt verschiedene Formen und mitunter werden sie auch feuerfeste Formen genannt. Du kannst sie in verschiedenen Materialausführungen wie Gusseisen, Keramik oder Emaille kaufen. Einige besonders innovative Formen besitzen spezielle Griffe, welche die Hitze nicht speichern. So kannst du die Form ganz einfach aus dem Backofen nehmen und läufst nicht Gefahr, dir die Finger zu verbrennen. Es gibt auch Formen aus Silikon oder Glas. Diese würde ich dir aber weniger empfehlen. Die Formen aus Silikon sind zwar besonders praktisch, leiten die Hitze aber nicht so gut wie die oben genannten Materialien. Glas ist in dieser Hinsicht zwar ein wenig besser, aber an eine Form aus Metall oder Keramik reicht auch das nicht heran.

Das Sieb

Auch dieses wirst du brauchen. Mehl kann in der Packung verklumpen. Um diese Klumpen aufzubrechen, kannst du das Mehl aber ganz einfach sieben und danach den Rest, also die Klumpen, durch den Sieb drücken und damit aufbrechen. Wenn du deinen Teig mit Mehlklumpen machst, wirst du diese Klumpen auch in dein Brot einbacken und hast am Ende überall in deinem Brot kleine Mehlklumpen. Natürlich kannst du das Brot immer noch essen, aber es wird wirklich nicht so lecker sein. Denn die Hefe kommt nicht in diesen Mehlklumpen an und kann dort so auch keinen Geschmack entfalten.

Die Sprühflasche

Ich habe dir ja schon gesagt, dass du den Teig feucht halten musst, auch wenn er ruht oder gärt. Aber auch wenn du ganz sicher gehst und alles immer fein säuberlich abdeckst, kann es dir passieren, dass dein Teig trocken wird. Für diese Fälle bietet sich die Sprühflasche an, mit der du die Oberfläche wieder ganz einfach anfeuchten kannst. Aber auch, wenn du einmal eine Arbeitsfläche oder den Ofen anfeuchten möchtest, ist die Sprühflasche bestens dafür geeignet.

Die Küchenmaschine

Wenn du dir dein Leben ein wenig erleichtern möchtest, kannst du auch eine Küchenmaschine benutzen. Diese nimmt dir aufwendige und langwierige Arbeitsschritte ab. Sie kann unter anderem den Teig für dich mischen und kneten und du musst nur noch die Zutaten für den Teig in der richtigen Reihenfolge hinzugeben. Den Rest übernimmt die Maschine für dich und macht dir damit das Backen um einiges leichter. Wenn du aber wirklich spüren und fühlen möchtest, wie es ist, ein Brot zu backen, empfehle ich dir, auf eine solche Maschine zu verzichten.

Vom Mehl über den Teig zum fertigen Brot

Der erste Schritt ist, deine Zutaten vorzubereiten. Du richtest alles her, siebst das Mehl und wässerst die Hefe. Danach mischst du alles in der richtigen Reihenfolge nach und nach zusammen. Auf diese Weise solltest du einen zähen Teig bekommen, der aber noch leicht an deinen Fingern kleben bleibt. Diesen lässt du, je nach Teig und Vorliebe, gären und ruhen. Besonders wichtig ist dabei, dass du den Teig ordentlich knetest und durch oftmaliges Falten eine optimale Mischung erreichst.

Nachdem du den Teig fertig zubereitet hast, schneidest du gegebenenfalls die Oberfläche ein oder formst ihn noch mit deinem Rundholz. Danach kannst du ihn in den Backofen geben und backen. Das wird eine Weile dauern. Aber recht schnell wird der Geruch von frischem Brot deine Küche erfüllen und du bekommst einen Eindruck davon, worauf du dich freuen kannst. Nachdem die erforderliche Zeit verstrichen ist, kannst du das Brot aus dem Backofen nehmen. Achte aber darauf, dass das Brot oder die Form, in der du es gebacken hast, heiß sind. Dann kannst du schon dein selbst gebackenes Brot genießen.

Tipps und Tricks vom Profi

Nachdem du nun theoretisch weißt, wie du dein Brot backst, will ich dir noch einige Tipps geben, die dir unnötigen Stress und Ärger ersparen und das Gelingen wesentlich erleichtern.

Die richtige Temperatur beim Gehen oder Gären lassen

Bei diesem Schritt ist die Temperatur entscheidend. Denn die Hefe in deinem Teig mag es weder zu warm noch zu kalt. Wenn es der Hefe zu kalt ist (unter 20 °C), verarbeitet sie nicht optimal die Kohlenhydrate und Eiweiße in deinem Teig, weil sie nicht auf „Betriebstemperatur" ist. Wenn es ihr jedoch zu warm ist (ca. 45 °C), wird sie langsam die Funktion einstellen und auch dann findet kein Gärvorgang statt. Die optimale Temperatur für die Hefe in deinem Teig ist 37 °C. Beim Backen stirbt die Hefe dann, weil Temperaturen über 60 °C erreicht werden, endgültig ab.

Die Teigruhe

Die Teigruhe bezeichnet die Zeit zwischen dem fertigen Kneten und dem Formen des Brotes. Je länger diese Zeit ist, desto leichter verträglich soll das Brot sein, weil die Hefe länger Zeit hatte, um die verschiedenen Bestandteile deines Teiges zu beeinflussen. Aber auch der Geschmack verändert sich dabei. Du kannst hier natürlich sehr gerne und viel experimentieren, sodass du immer wieder unterschiedliche Geschmäcke erzielst.

Die Hefe

Auch bei der Hefe gibt es einiges zu beachten. Die optimale Temperatur für das Gären und Gehen lassen habe ich dir ja schon verraten. Aber ein weiterer Tipp ist, die Hefe zu „aktivieren". Bei Trockenhefe musst du das unbedingt machen, da sie sonst gar nicht erst anfängt zu arbeiten, aber auch bei lebender Hefe ist das ein Vorteil. Dabei gibst du die Hefe in warmes Wasser und lässt sie eine halbe Stunde „aufwachen". Danach ist sie einsatzbereit.

Das Kneten

Es ist wichtig, dass du deinen Teig bei der optimalen Temperatur knetest. Diese beträgt 23 - 27 °C. Das Kneten ist aber nicht nur wichtig, damit der Teig optimal gemischt ist. Vielmehr geht es dabei darum, dass dabei das Klebereiweiß, das Gluten, aufgeschlossen wird, sodass er eine wirklich homogene Masse bildet. Das Gluten hat aber auch einen Einfluss auf den Geschmack. Je mehr Gluten ein Brot enthält, desto intensiver und süßer wird es.

Lagern und Haltbarkeit

Dein eigenes, aber auch gekauftes Brot, solltest du niemals in einer Plastiktüte lagern. Dort kann keine Luft zirkulieren und Kondenswasser setzt sich ab. Beides sind optimale Faktoren für die Schimmelbildung. Am besten bewahrst du das Brot deshalb bei Zimmertemperatur in einem Brotkasten auf. So kannst du dein Brot möglichst lange aufbewahren und genießen.

Sauerteig Grundrezept

1. Für den Sauerteigansatz 30 g Mehl und 30 ml lauwarmes Wasser in einem Glas oder einer Schüssel verrühren. Der Sauerteigansatz sollte etwa die Konsistenz eines dicken Waffelteigs haben.

2. Das Gefäß mit einem Deckel oder Frischhaltefolie verschließen und bei Zimmertemperatur 12 Stunden stehen lassen. Nach 12 Stunden haben sich auf der Oberfläche des Ansatzes kleine Bläschen gebildet und er riecht leicht säuerlich. Ansatz einmal kurz durchrühren.

3. Nach weiteren 12 Stunden (also nach insgesamt 24 Stunden) wieder 30 g Mehl und 30 ml lauwarmes Wasser unterrühren.

4. Diesen Wechsel des Durch und Unterrührens alle 12 Stunden wiederholen. Insgesamt 5 Tage lang.

Tipps:

Der fertige Sauerteig kann unbegrenzt im Kühlschrank gelagert werden. Er muss nur immer wieder angefüttert und gepflegt werden.

Die Mengen an Mehl und Wasser können je nach benötigter Menge an Sauerteig angepasst werden.

Das Mehl kann je nach Rezept oder Belieben gewählt werden.

Falls du keine Zeit hast, fünf Tage zu warten, kannst du auch schon fertigen Sauerteig kaufen.

Rezepte-Welt

Entdecke die Vielfalt von ofenfrischem Brot

1.

Buttermilch-Brot

Zutaten:

- » 400 g Roggenmehl (Typ 1150)
- » 200 g Weizenmehl (Typ 1050)
- » 1 Pk. Trockenhefe
- » 1 TL Salz
- » 500 g Buttermilch (lauwarm)
- » 1 TL Essig
- » 1 TL Zitronensaft

Zubereitung:

1. Die Zutaten zuerst gut mit einem Kochlöffel verrühren, dann ordentlich durchkneten (gibt Muckis: mindestens 10 min). Eventuell noch etwas von dem Weizenmehl hinzugeben, wenn der Teig zu sehr klebt. Der Teig soll zwar weich und elastisch, aber nicht klebrig sein. Auf keinen Fall sollte er zu fest sein.

2. Nun lässt man den Teig ca. 20 min gehen. Brot formen, auf das Blech geben und nochmals ca. 20 min gehen lassen. Ofen auf 250 °C vorheizen und das Brot auf mittlerer Schiene 10 min backen. Den Ofen auf 200 °C herunterschalten und weitere 50 min backen.

3. Das Brot ist fertig, wenn man es mit den Handknöcheln anklopft und es sich nicht mehr dumpf, sondern etwas hohl anhört.

Tipps: Günstig ist es, wenn auf dem Backofenboden eine Schüssel mit kochendem Wasser steht, das Brot wird dann lockerer und die Kruste wird schöner.

Unter den Teig lassen sich alle möglichen Körner und Flocken mischen, man kann es mit Kräutern und Gewürzen würzen, Röstzwiebeln oder Schinkenwürfel untermengen und der Fantasie sind keine Grenzen gesetzt.

2.

Buttermilchzwiebelbrot

Zutaten:

- » 600 g Roggenmehl (Typ 997 o. 1150)
- » 400 g Weizenmehl (egal welcher Typ)
- » 550 g Buttermilch
- » 150 g Zwiebeln (ca. 3–4)
- » 1 TL Bratfett
- » 1 TL Salz
- » 1 Würfel frische Hefe

Zubereitung:

1. Die Zwiebeln würfeln und im Fett kräftig bräunen (nicht schwärzen!). Die Hefe in der warmen Buttermilch auflösen und mit den restlichen Zutaten zu einem Teig verkneten. Zum Schluss die Zwiebeln einarbeiten. Den Teig in 2 Teile teilen und zu runden glatten Kugeln formen. 10 min liegen lassen.

2. Danach länglich formen, in Roggenmehl wälzen und in gefettete Kastenformen legen. Dreimal schräg einschneiden. Garen lassen, bis sich der Teig oberhalb des Formenrandes wölbt.

3. In den Ofen schieben bei 250 °C und herunterstellen auf 180 °C für ca. 50 min.

3.

Einfaches Weißbrot

Zutaten:

- 500 g Weizenmehl (Typ 550)
- 10 g Margarine
- 1 ½ TL Salz
- 1 Würfel frische Hefe
- 300 ml Wasser (lauwarm)

Zubereitung:

1. Mehl, Hefe, Margarine, Salz und Wasser in einer Rührschüssel mit elektrischem Rührgerät zu einem glatten Teig verkneten, auf höchster Stufe ca. 3 min oder von Hand 5 min. Schüssel mit einem Tuch abdecken und an einem warmen Ort ca. 15 min gehen lassen. Teig kurz durchkneten und in eine Kastenform füllen. Kastenform wieder mit dem Tuch abdecken und noch mal 30 min an einem warmen Ort gehen lassen.

2. Danach sollte der Teig sich fast verdoppelt haben. Den Teig der Länge nach 1 cm tief einschneiden. Ofen vorheizen (Ober- und Unterhitze: 225 °C / Umluft: 190 °C) und auf der mittleren Schiene 40 min backen.

3. Nach dem Backen aus der Form nehmen und erst nach dem Auskühlen anschneiden.

… 4.

Dinkelbrot

Zutaten:

- » 500 g Dinkel
- » 1 Würfel frische Hefe
- » 2 TL flüssiger Honig
- » 300 ml Wasser; lauwarm
- » 1/2 TL Salz
- » Butter (für die Form)

Zubereitung:

1. Wasser mit Salz und Honig in die Knetschüssel geben. Den gemahlenen Dinkel daraufschütten und die Hefe darüber zerbröckeln. Den Teig kneten, bis er sich von der Schüssel löst. Wenn der Teig zu fest ist, noch Wasser dazugeben, wenn er zu breiig ist, dann Dinkelmehl. Den Teig zugedeckt 30 min gehen lassen. Der Teig darf nicht abtrocknen!

2. Danach wird der Teig kräftig durchgeknetet und in die gefettete Form gefüllt. Nochmals 15 min gehen lassen. Die Oberfläche des Teiges mit Wasser bestreichen, damit sie nicht austrocknet und die Form in den kalten Backofen schieben, diesen dann einschalten, 200 °C einstellen. 35 min backen, und anschließend noch 10 min im abgeschalteten Backofen stehen lassen.

3. Aus der Form nehmen und mit kaltem Wasser besprühen. Auskühlen lassen.

5.

Honig-Salz-Brot

Zutaten:

Für den ersten Ansatz:

- 500 ml Wasser (lauwarm)
- 1 TL Meersalz
- 1 TL Honig
- 500 g Roggen (mittelgrob geschrotet)

Für den zweiten Ansatz:

- 500 ml Wasser
- 1 TL Meersalz
- 1 TL Honig
- 350 g Roggen (fein gemahlen)
- 150 g Weizen (fein gemahlen)

Für den Hauptteig:

- 500 g Weizen
- 1 EL Kümmel
- 1 EL Koriander
- 2 TL Fenchel
- 2 TL Anis
- 1 TL Salz

Zubereitung:

1. Für den ersten Ansatz den Honig und das Salz im Wasser auflösen. Danach zusammen mit dem Roggenmehl zu einem verrühren und mit einem feuchten Tuch abdecken. Das Ganze über Nacht gehen lassen. Am nächsten Morgen sollte der Teig aufgegangen sein und kleine Gärbläschen sichtbar sein.

2. Beim zweiten Ansatz kannst du die Zutaten gleich wie beim ersten Ansatz vermischen. Sobald du alle Zutaten vermischt hast, kannst du den zweiten Ansatz unter den ersten Ansatz mischen und das Ganze wieder über Nacht gären lassen. Sollte der erste Ansatz nicht so aufgegangen sein, kannst du auch noch ½ TL Honig daruntermischen.

3. Wenn der Teig schön locker ist, kannst du noch das Mehl des Hauptteiges und alle Gewürze untermischen. Falls der Teig zu dick ist, kannst du noch ein wenig Wasser dazugeben.

4. Der Römertopf sollte gut gewässert werden, anschließend abtrocknen und gut mit Öl einreiben. Nun kann der Teig eingefüllt und glattgestrichen werden. Nach Belieben kann mit einem Messer ein Kreuz oder ein anderes Muster eingeschnitten werden. Jetzt sollte der Teig nochmals mindestens sechs Stunden gehen. Die Garzeit ist beendet, wenn der Teig um etwa 1/4 aufgegangen ist, sodass er den Römertopf fast ausfüllt.

5. Das Brot auf der untersten Leiste in den Backofen schieben und bei 150 °C Ober- und Unterhitze (130 °C bei Umluft) drei Stunden backen. Dann den Deckel abnehmen und das Brot weitere 40 min backen.

6. Das Brot auf dem Kuchengitter eine Stunde abkühlen lassen, aus der Form stürzen und 1 Tag auf dem Kuchengitter ausdünsten lassen, damit die Rinde abtrocknet.

Tipps:

Im Römertopf aufbewahrt, bleibt das Brot längere Zeit frisch.

Zum Bestreuen können zusätzlich Haselnüsse und Sesam verwendet werden.

6.

Knäckebrot

Zutaten:

- 150 g Roggenmehl
- 150 g Weizenmehl
- 50 g Weizenvollkornmehl
- 50 g Roggenvollkornmehl
- 50 g Gerstenschrot
- 50 g Haferschrot
- 70 g Butter
- 1 TL Backpulver
- 375 ml Milch (lauwarm)
- 1 TL Zucker
- 1/2 TL Salz
- 1 TL gemahlenen Fenchel
- Kleie fürs Backblech

Zubereitung:

1. Das vermischte Mehl in eine Schüssel geben und in die Mitte eine Vertiefung drücken. Die ganzen Zutaten in die Vertiefung geben und mit der Milch zu einem elastischen Teig kneten. Den Teig 1 Stunde rasten lassen, auf einer bemehlten Arbeitsfläche nochmals kurz durcharbeiten, in beliebig gleich große Stücke teilen, Kugeln formen und jedes Stück zu einem runden, dünnen Fladen ausrollen.

2. Die Fladen auf das mit Kleie bestreute Blech legen, mit einer Gabel durch und durch einstechen und im vorgeheizten Backofen ca. 20 min bei 160 °C backen. Die Fladen sollen nicht braun werden. Nach dem Backen neben dem Herd auslegen und etwas trocknen lassen.

7.

Kräftiges Roggenbrot

Zutaten:

Für den Vorteig

- » 700 ml Wasser (lauwarm)
- » 700 g Roggen (mittelfein gemahlen)
- » 75 g Sauerteig nach Grundrezept

Für den Hauptteig:

- » 360 ml Wasser (lauwarm)
- » 1 EL Salz
- » 1 EL Kümmel (kann entfallen)
- » 1 EL Koriander (kann entfallen)
- » 350 g Weizen (mittelfein gemahlen)
- » 360 g Roggen (mittelfein gemahlen)
- » 200 g Nüsse nach Belieben (kann entfallen)

Zubereitung:

1. Der Vorteig wird am Abend zubereitet: Dazu das 40 °C warme Wasser (handwarm) mit dem Sauerteig verrühren. Den Roggen beigeben, umrühren, fertig. Die Schüssel mit Frischhaltefolie oder einer anderen Bedeckung abdecken und in den Backofen stellen. Das Licht einschalten oder eine Glühbirne mit 25 Watt Verlängerungsschnur hineinlegen (ca. 30 °C im Innenraum des Backofens werden so erreicht).

2. Am nächsten Morgen das Salz in dem warmen Wasser auflösen. Roggen, Weizen, die Gewürze und das Salzwasser sowie nach Belieben Nüsse zu dem Vorteig geben. Alles durchrühren und in 2 Kastenformen von 30 cm Länge füllen. Die Formen sind etwa halb voll. Der Teig geht noch auf.

3. Die Formen müssen nun entweder mit Alufolie abgedeckt werden oder man nimmt eine Kastenform gleicher Größe und stülpt sie auf die Form, in der der Teig ist. Die Formen werden jetzt für 2 Stunden in den Backofen auf die unterste Schiene gestellt (weiterhin nur mit Licht).

4. Nach dieser Zeit stellt man den Backofen auf 210 °C (Ober- und Unterhitze, keine Umluft, sie würde das Brot zu sehr austrocknen) und lässt das Brot 1 Stunde mit Abdeckung backen.

5. Dann wird die Folie oder die zweite Kastenform entfernt. Jetzt kann sich die Kruste bilden. Das Brot muss jetzt noch 30 min bei 210 °C backen. Dann den Backofen ausschalten und das Brot noch 15 min darin platziert lassen.

6. Nach dem Ende der Backzeit werden die Brote auf ein Rost gestürzt. Am besten schmeckt das Brot nach 2 Tagen. Dann ist alles gut durchgezogen.

Tipp: Möchte man einen Teil des Brotes einfrieren, geht das problemlos, aber auch erst, nachdem es 2 Tage ausgedünstet ist.

8.

Kürbiskern-Sonnenblumenkern-Brot

Zutaten:

- » 1 kg Vollkornmehl
- » 20 g Salz
- » 1 Würfel frische Hefe
- » 350 ml Wasser
- » 350 ml Milch
- » 100 g Kürbiskerne
- » 100 g Sonnenblumenkerne

Zubereitung:

1. Hefe in eine Schüssel geben und mit der Flüssigkeit auflösen. Übrige Zutaten beigeben, mischen und von Hand oder mit einem Knethaken intensiv kneten. Teig zugedeckt etwa 40 min gehen lassen. Der Teig sollte schön straff sein.

2. Teig teilen und zu runden oder langen Broten formen. Auf mit Backpapier belegtes Blech legen und zugedeckt nochmals ca. 40 min gehen lassen. Das Blech in den auf ca. 220 °C vorgeheizten Ofen schieben und ca. 40 min backen.

   Varianten: wahlweise können im Teig auch Zwiebel, Knoblauch, Speckwürfeln oder ein Teelöffel voll Kümmel mitgeknetet werden.

9.

Paderborner Komißbrot

Zutaten:

Für den Vorteig:

- 400 g Roggen frisch gemahlen
- 500 ml Wasser (lauwarm)
- 1 TL Backferment

Für den Hauptteig:

- 400 g Roggen (frisch gemahlen)
- 800 g Weizen (frisch gemahlen)
- 800 ml Wasser (lauwarm)
- 1 TL Meersalz
- 2 TL Kümmel

Zubereitung:

1. Die Zutaten für den Vorteig durchkneten und über Nacht an einem warmen Ort zugedeckt stehen lassen.

2. Die Zutaten für den Hauptteig mit dem Vorteig vermengen, durchkneten und zwei Stunden zugedeckt an einem warmen Ort gehen lassen. Zwei kleinere und eine große Form mit Öl einfetten, einen Holzlöffel nass machen und den Teig damit in die Formen geben. Hände anfeuchten und geschälte Sonnenblumenkerne andrücken. Wenn der Teig fester gehalten wird, kann das Brot auch mit der Hand gewirkt werden. Nochmals 1/2 Stunde gehen lassen.

3. Dann in den heißen Ofen stellen und bei 220 °C etwa 40 min backen. Die Zeit variiert je nach Ofen!

   Stellen Sie auch ein kleines Töpfchen mit Wasser in den Ofen, das ergibt eine schöne Kruste.

10.

Gersterbrot

Zutaten:

- » 350 g Roggenmehl (Typ 1150)
- » 300 g Weizenmehl (Typ 550)
- » 700 g Sauerteig nach Grundrezept
- » 20 g Salz
- » ½ Würfel frische Hefe
- » 300 ml Wasser (lauwarm)
- » 1 TL Zucker

Zubereitung:

1. Von den 300 ml Wasser 50 ml abnehmen, mit zerbröckelter Hefe, einem TL Zucker und zwei EL Mehl verrühren. Den Vorteig 15 min gehen lassen.

2. Für den Brotteig die beiden Mehlsorten und Salz in einer Steingutschüssel gut vermischen. Sauerteig zugeben und mit Mehlmischung bedecken. Den Hefeansatz und fast das gesamte restliche Wasser (40 °C warm!) zugeben. Die Masse wirklich gut von Hand kneten, das restliche Wasser zwischendurch zugeben und den Teigling ruhig öfter mal mit voller Kraft auf die Arbeitsfläche werfen. Der Teig ist erst dann fertig geknetet, wenn er sich komplett von der Schüssel löst. Das kann ca. 20 min dauern. Schüssel mit einem Handtuch bedecken, 30 min gehen lassen. Den Teig erneut gut durchkneten.

3. Teig zu einer Rolle formen, die etwas kürzer als die Backform ist, mit Mehl bestäuben und 30 min gehen lassen. Teig nochmals zu einer Rolle formen, auf ein gut bemehltes Holzbrett legen und mittels eines Zerstäubers mit lauwarmem Wasser einsprühen. Gasbrenner anzünden und die Teigrolle abflämmen, bis eine Kruste mit wenigen schwarzen Punkten entsteht. Die Rolle dabei drehen, sodass rundherum gegerstet wird. Die Kruste muss so fest werden, dass der Teig später mit der Hand in die Form gehoben werden kann, ohne dass er seine Form verliert.

4. Den gegersteten Teigling beidseitig auf halber Höhe einschneiden und in die gefettete und bemehlte Form heben. Nochmals 45 min gehen lassen. Den Teigling oben mit 3–4 schrägen Schnitten einschneiden und mit Wasser besprühen.

5. Den Backofen ebenfalls mit Wasser aussprühen oder eine Schale mit heißem Wasser auf den Boden stellen.

Backtemperatur: beim Einschieben mindestens 250 °C, nach 10 min 175 °C. Backzeit: ca. 60 - 70 min. Nach 15 min den Ofen kurz öffnen, damit der Wasserdampf entweichen kann. Brot 15 min vor Ende der Backzeit aus der Form nehmen. Brot aus dem Ofen nehmen, auf einen Rost stellen und sofort mit Wasser einsprühen oder abstreichen.

11.

Hutzelbrot

Zutaten:

Zum Einweichen:

- 750 g Dörrobst (z. B. Birnen, Zwetschgen, Feigen)
- 250 g Rosinen
- 200 g Nüsse (gehackt)
- 50 g Zitronat
- 50 g Orangeat
- 1/2 TL Zimt
- 1/2 TL Nelken
- 125 g Zucker
- 200 ml Zitronensaft
- 20 ml Rum

Zum Backen:

- 500 g Schwarzbrotteig vom Bäcker

Zum Garnieren:

- Mandelhälften
- Zitronat
- Kandierte Früchte

Für den Glanz:

- 1 Tasse Hutzelbrühe
- 1 TL Kartoffelmehl

Zubereitung:

1. Hutzelbrot, auch Kletzenbrot oder Früchtebrot genannt. Am Tag vor dem Backen das Dörrobst lauwarm waschen und abtupfen. Die Zwetschgen entsteinen, die Feigen entstielen. Alle Früchte grob zerschneiden und mit wenig Wasser über Nacht quellen lassen. Am anderen Tag die Rosinen waschen und abtrocknen. Gehackte Nüsse, Zitronat und Orangeat, Gewürze, Zucker, Zitronensaft und Rum mit den am Vortag eingeweichten und abgetupften Trockenfrüchten vermengen.

2. Zugedeckt stehen lassen. Den beim Bäcker bestellten Brotteig abholen. Die Fruchtmischung nach und nach mit dem Brotteig verkneten. Den Teig etwas ruhen lassen. Dann mit nassen Händen zu einem Laib formen. Den Laib auf ein gefettetes Backblech legen. Mit Früchten nach Belieben garnieren.

3. Das fertige Hutzelbrot auf dem Blech stehen lassen. In den auf 230 °C vorgeheizten Backofen schieben. Den Ofen auf 175 °C zurückschalten. Das Brot gar backen für 60–90 min. Für den Glanz die Hutzelbrühe (also Einweichwasser vom Dörrobst) mit dem Kartoffelmehl anrühren, aufkochen und über das noch heiße Hutzelbrot streichen.

4. Das Brot vom Blech nehmen und auf einem Rost abkühlen lassen. Wo es keinen Schwarzbrotteig zu kaufen gibt, festen Roggenmehlteig bereiten.

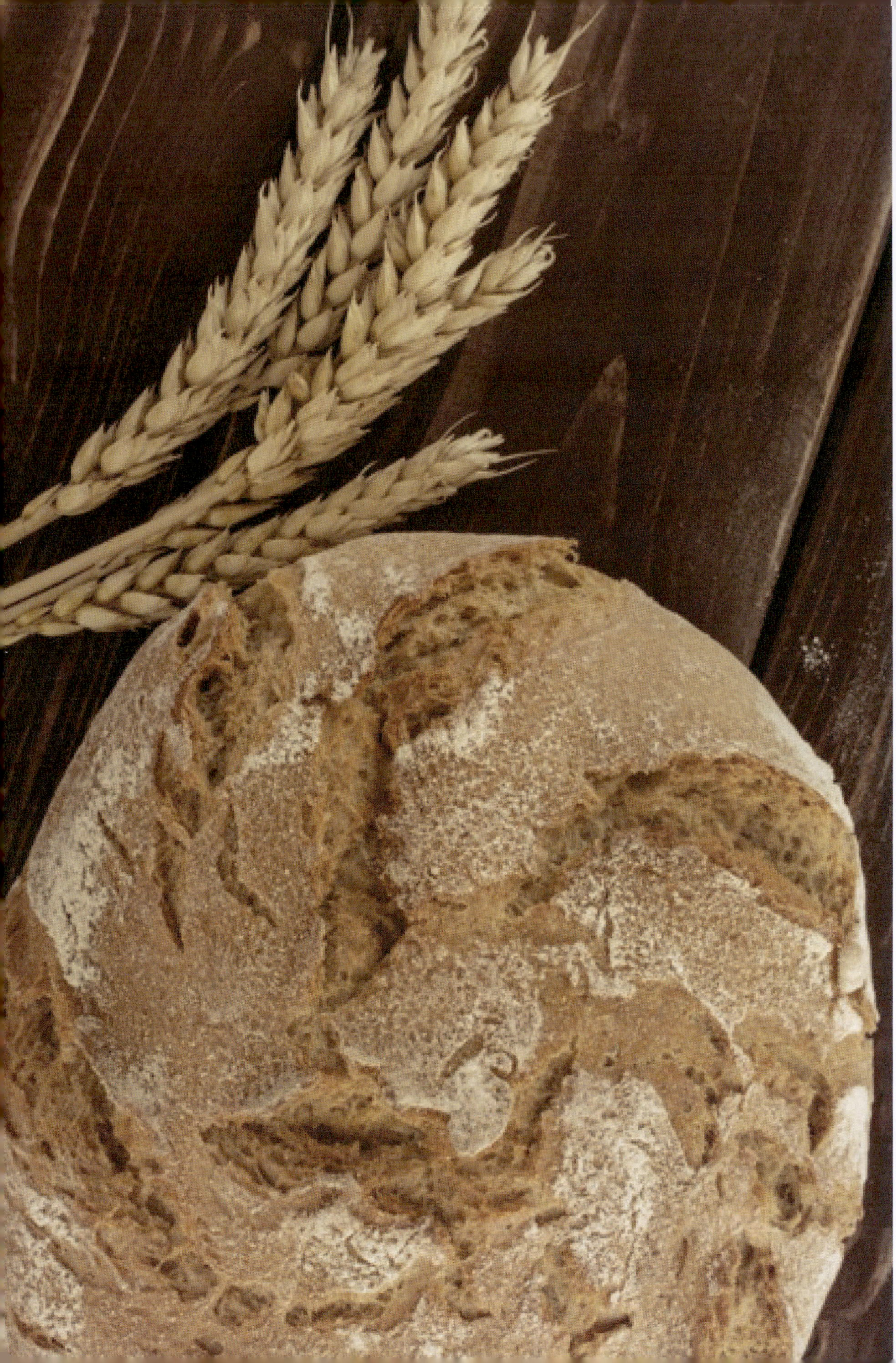

12.

Grahambrot

Zutaten:

- » 300 g Weizenmehl (Typ 405)
- » 75 g Erbsenfasern
- » 200 g Haferkleie
- » 375 g Weizenschrot
- » 500 ml Milch
- » 12 g Sonnenblumenöl
- » 3 Pk. Trockenhefe
- » 40 g Weizenkleber
- » 1 TL Salz

Zubereitung:

1. Die Hälfte des Mehls mit dem Schrot, der Haferkleie und den Erbsenfasern mischen. Dann die Trockenhefe und die Hälfte der Milch hinzugeben und zu einem Vorteig verrühren.

2. Den Vorteig 15 min stehen lassen, anschließend die restliche Milch, Salz und Öl zum Vorteig geben und mit dem restlichen Mehl zu einem glatten Teig verarbeiten. Den Teig nochmals 15 min stehen lassen, einen Leib formen, 20 min garen lassen und anschließend ca. 45 min im vorgeheizten Backofen bei 200 °C backen.

Tipp: Um eine braune Kruste zu erhalten, kann man eine Bratfolie verwenden oder den Brotlaib mit Eigelb einstreichen, bevor er in den Backofen kommt.

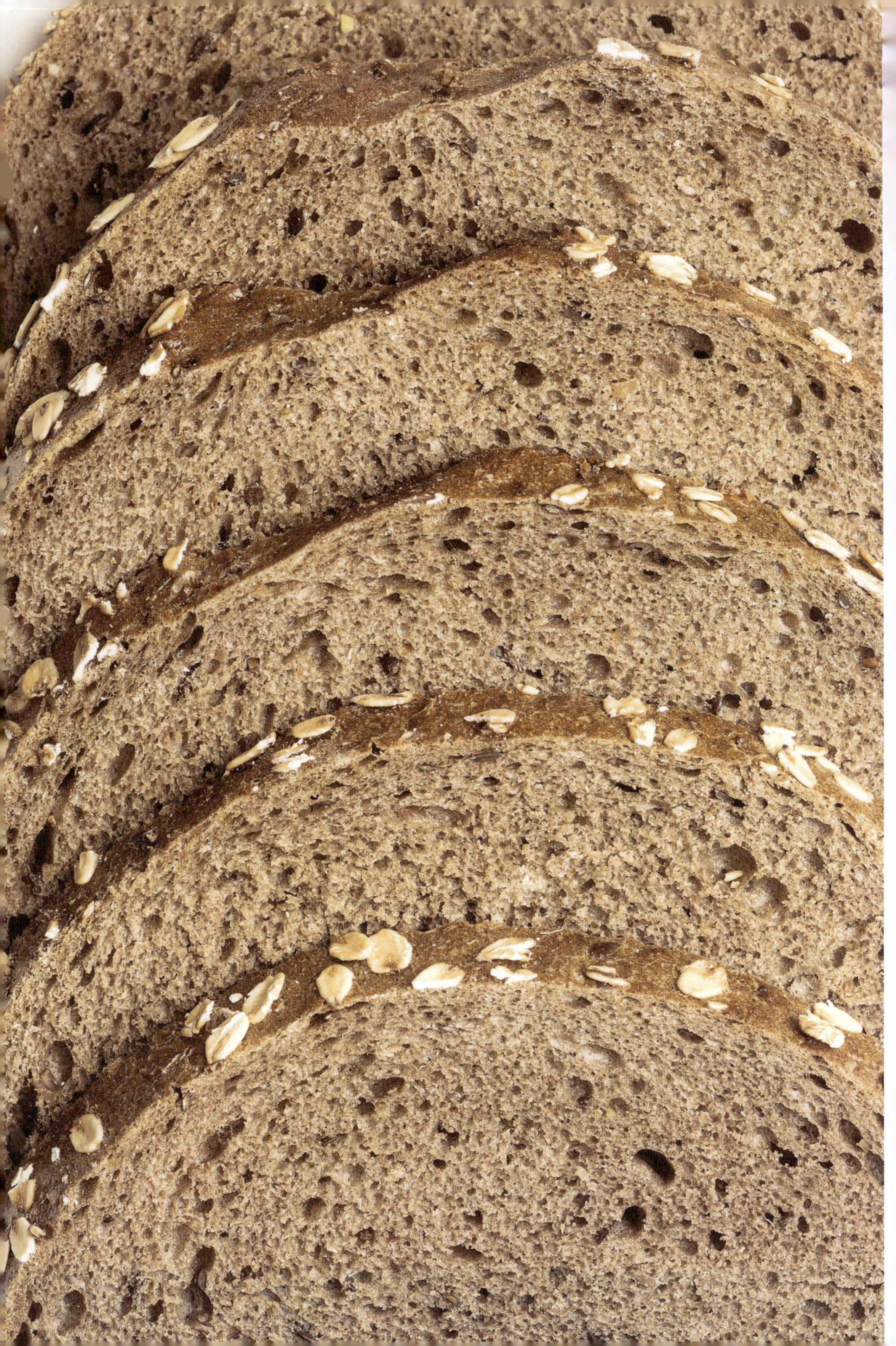

13.

Haferflockenbrot

Zutaten:

- » 500 g Weizenvollkornmehl (Typ 1700)
- » 100 g kernige Haferflocken
- » 1 Würfel frische Hefe
- » 1 TL Zucker
- » 300 ml Buttermilch
- » 125 g Quark
- » 1 TL Salz
- » 40 g Butter
- » 30 g Sesam
- » Eine Handvoll Haferflocken

Zubereitung:

1. Aus den angegebenen Zutaten einen geschmeidigen Hefeteig bereiten, im Backofen 10 min bei 50 °C und 20 min bei 30 °C gehen lassen, Teig durchkneten, einen Brotlaib formen und auf ein mit Backpapier belegtes Backblech legen.

2. Laib mit Wasser bestreichen und mit Haferflocken bestreuen. In den kalten Backofen setzen. Bei 175 °C 45 – 55 min backen.

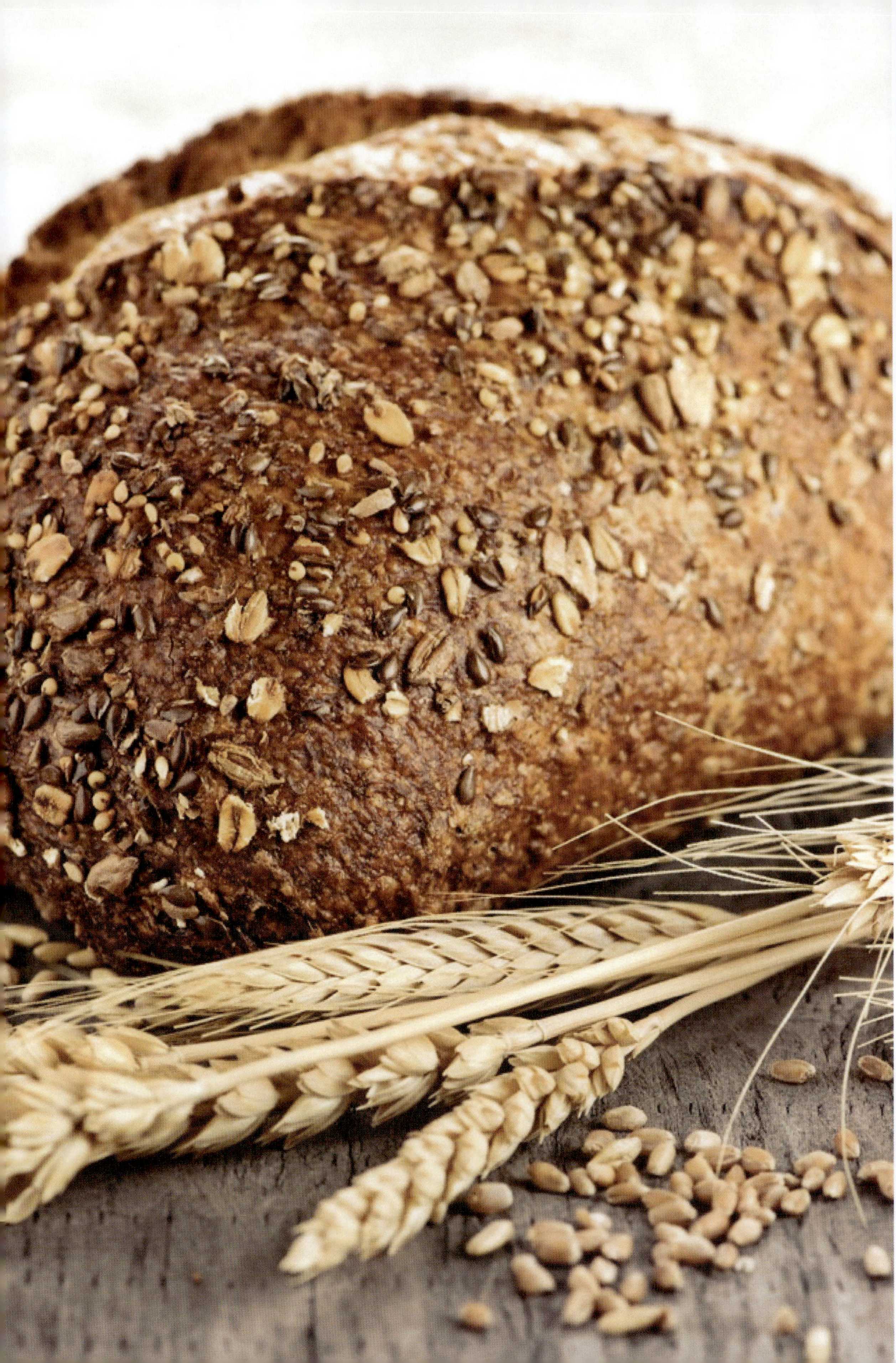

14.

Leinsamenbrot

Zutaten:

- » 70 g Leinsamen
- » 100 g kernige Haferflocken
- » 500 g Weizenmehl (Typ 550 oder 630)
- » 1 Pk. Trockenhefe
- » 250 ml lauwarmes Wasser
- » 1 EL Salz

Zum Bestreuen:

- » 2 TL kernige Haferflocken
- » 2 TL Leinsamen

Zubereitung:

1. Leinsamen in einer Schüssel mit kochendem Wasser übergießen und eine halbe Stunde quellen lassen. Anschließend die Samen in ein Sieb geben, kalt abspülen und gut abtropfen lassen.

2. Haferflocken, Mehl und Hefe gut mischen. Anschließend Wasser, Leinsamen und Salz hinzufügen und alles mit dem Knethaken des Handrührgerätes so lange kneten, bis sich der Teig vom Rande löst. Dann 40 min an einem warmen Ort gehen lassen.

3. Teig noch einmal kurz durchkneten, ein längliches Brot daraus formen und dieses auf ein gefettetes Backblech legen und noch weiter 15 min zugedeckt gehen lassen.

4. Das Brot mehrmals quer 1 cm tief einschneiden, gut mit Wasser bepinseln und Haferflocken und Leinsamen darüberstreuen. Bei 250 °C auf der Schiene von unten 10 min backen, dann auf 200 °C herunterschalten und weiter 35–45 min backen.

15.

Körnerbrötchen / Körnerbrot

Zutaten:

- » 250 g Roggenschrot
- » 250 g Vollkornroggenmehl
- » 250 g Weizenschrot
- » 250 g Vollkornweizenmehl
- » 1 Pk. Trockenhefe
- » 75 g Sauerteig nach Grundrezept
- » 1–2 EL Gerstenmalz
- » 1–2 EL Salz
- » 500 ml Buttermilch (lauwarm)
- » Wasser nach Bedarf (lauwarm, meist noch einmal 500 – 750 ml)

Zusätzlich:

- » 3–4 Tassen Körner (nach Geschmack: Sonnenblumenkerne, Leinsamen, Sesam, Kürbiskerne, Haselnüsse etc.)
- » 2 Tassen Röstzwiebeln
- » 2–3 Tassen Dreikorn oder Haferflocken
- » Nach Geschmack auch noch Gewürze wie Kardamom, Kümmel, Nelke, Anis, Fenchel etc.

Zubereitung:

1. Zutaten zu einem Teig verkneten (kann ruhig etwas flüssiger sein, dann „geht" er besser) und mit einem feuchten Geschirrhandtuch abgedeckt im Ofen bei 50 °C bzw. niedrigste Temperatur eine halbe Stunde gehen lassen. Durchkneten und nochmals abgedeckt mindestens eine Stunde gehen lassen.

2. Dann die Körner und Röstzwiebeln unterkneten. Falls der Teig zu dünn ist, einfach mehr Mehl dazu kneten. Den Teig aus der Schüssel auf eine bemehlte

Arbeitsfläche gleiten lassen und den Teig noch mal kräftig mit den Händen durchkneten. Dabei die Flocken unterkneten (wenn man das mit dem Knethaken macht, werden sie zerrieben). Für Brötchen den Teig unterteilen, Kugeln daraus formen und auf ein gefettetes Backblech setzen. Wer will, kann sie auch mit etwas lauwarmem Wasser bepinseln und in Körner drücken.

3. Für Brot den Teig halbieren und jeweils in eine gefettete Kastenkuchenform füllen (ich mache meist ein Brot und aus dem Rest Brötchen). Brote oder Brötchen mit etwas Alufolie abdecken und im lauwarmen Ofen noch mal 10 min gehen lassen. Herausnehmen, abgedeckt weitere 10 min stehen lassen und währenddessen den Ofen auf 200–220 °C vorheizen. Die Alufolie abnehmen und den Teig in den Ofen schieben. Dazu eine Steingutschüssel mit etwas Wasser auf den Boden des Ofens stellen. Die Brötchen sind je nach Größe nach 20–30 min durch.

4. Nach dem Backen alles auf einem Rost abkühlen lassen.

Anmerkung: Die Mengenangaben sind alle nur ungefähr zu nehmen, wichtig ist, dass man mit der Schrot/Mehl Mischung auf ungefähr 1 kg kommt und genug Flüssigkeit zugibt, sodass das Brot nicht zu trocken wird. Die Buttermilch lässt das ganze etwas lockerer werden, man kann aber stattdessen auch nur Wasser nehmen. Die Körner nach Lust und Laune zugeben, mal mehr, mal weniger.

16.

Orangen-Buttermilch-Brot

Zutaten:

- » 150 g Sauerteig nach Grundrezept
- » 250 ml Buttermilch (lauwarm)
- » 750 g Weizenmehl (Typ 405)
- » 100 g Grahammehl
- » 250 ml Orangensaft (lauwarm)
- » 2 TL Salz
- » 1 EL Margarine
- » Mehl zum Kneten
- » Öl zum Einfetten
- » verquirltes Ei zum Bepinseln

Zubereitung:

1. Den Sauerteig, die lauwarme Buttermilch und 150 g Weizenmehl in eine Schüssel geben und mit dem Knethaken zu einem weichen Teig anrühren. Mit einem Tuch zudecken und bei Zimmertemperatur über Nacht stehen lassen.

2. Am nächsten Tag das restliche Weizenmehl, das Grahammehl, den lauwarmen Orangensaft, das Salz, die Margarine und den Vorteig in eine große Schüssel geben und mit dem Knethaken zu einem glatten Teig verarbeiten. Anschließend auf der bemehlten Arbeitsfläche den Teig mit der Hand mindestens 10 min kräftig durchkneten, bis er nicht mehr klebt. Wieder in die bemehlte Schüssel legen und zugedeckt an einem warmen Ort 2–3 Stunden gehen lassen, bis sich die Teigmenge verdoppelt hat.

3. Ein Backblech einfetten. Den Teig wieder auf die Arbeitsfläche geben, kurz noch einmal durchkneten und zu einem runden Laib oder zwei kleineren Laiben formen. Dabei auf die Oberflächenspannung achten; dazu die Seiten des Brotes immer nach innen einschlagen. Das Brot auf das Backblech legen - bei zwei Broten darauf achten, dass sie genügend auseinanderliegen und zugedeckt weitere 20–30 min gehen lassen.

4. Die Oberseite der Brote muss jetzt gut gespannt sein.

5. Den Ofen auf 250 °C vorheizen. Eine Schale mit kochendem Wasser auf den Boden des Ofens stellen. Die Oberseite des Brotes mit verquirltem Ei bepinseln und mit einer scharfen Klinge einritzen.

6. Das Brot auf die unterste Schiene des Ofens schieben und 10 min anbacken. Die Temperatur auf 200 °C zurückschalten und das Brot weitere 40–50 min backen.

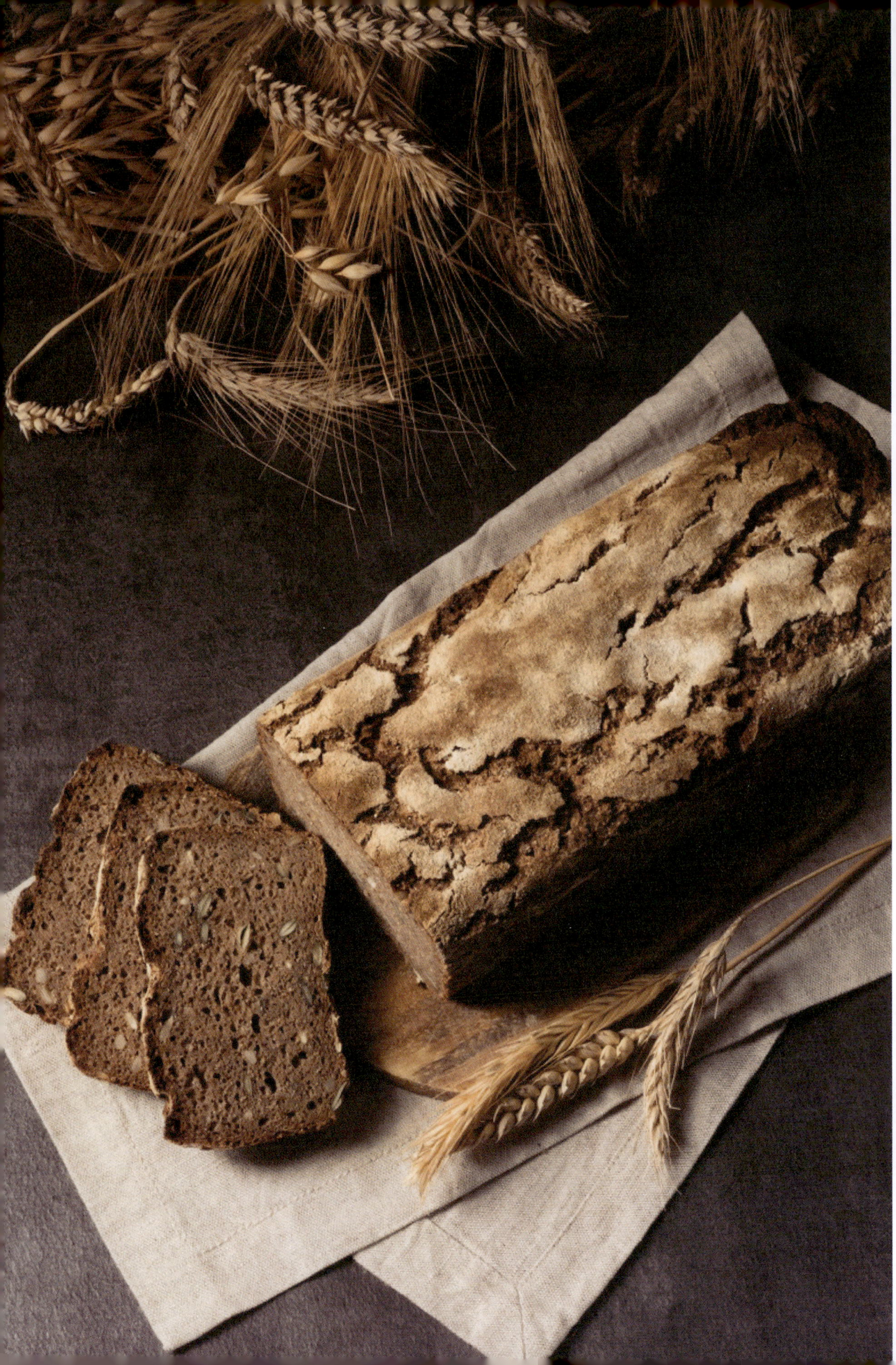

17.

Pumpernickel

Zutaten:

- 500 g Weizenschrot
- 250 g Roggenschrot
- 200 g Sonnenblumenkerne
- 100 g Sesam oder Leinsamen
- 500 g Weizenmehl
- 1 l Buttermilch
- 2 Pk. Trockenhefe
- 1 Pk. Rübenkraut
- 1 TL Salz

Zubereitung:

1. Weizenschrot, Roggenschrot, Sonnenblumenkerne, Sesam und Weizenmehl in einer großen Schüssel mischen. Buttermilch langsam (und nur lauwarm) erwärmen. Hefe, Rübenkraut und Salz unter ständigem Rühren hinzufügen.

2. Erwärmte Buttermilch über das Körnergemisch geben und beides vermengen. Dieses in eine gefettete und mit Mehl bestäubte Kastenform geben.

3. 2 3/4 Stunden im Heißluftherd bei 130 °C backen. Anschließend mit Alufolie abdecken und zwei weitere Stunden im abgeschalteten Herd stehen lassen.

18.

Sechskornbrot

Zutaten:

- 600 g Sechskorn-Getreidemischung (Weizen, Roggen, Gerste, Hafer, Hirse, Buchweizen)
- 400 g Roggenvollkornmehl
- 300 g Weizenvollkornmehl
- 40 g frische Hefe
- 1 TL Honig
- 100 ml Wasser (lauwarm)
- 3 TL Salz
- 2 TL gemahlener Koriander
- 1 TL Kümmel
- 150 g Sauerteig nach Grundrezept
- 250 ml Wasser (lauwarm)
- Ca. 2 TL Haferflocken

Zubereitung:

1. Sechskornmischung mit Wasser bedecken und zehn Stunden quellen lassen. Roggen und Weizenvollkornmehl mischen, in die Mitte eine Vertiefung drücken, zerbröckelte Hefe hineingeben, Honig und Wasser hinzufügen und mit etwas vom Mehl zu einem dicklichen Brei verrühren. 20 - 30 min an einem warmen Ort gehen lassen.

2. Restliche Zutaten einschließlich der gequollenen, abgegossenen Körner dazugeben, verknoten und den Teig zwei Stunden gehen lassen. Teig halbieren und zu zwei runden Laiben formen. Mit Wasser bestreichen, mit Haferflocken bestreuen und etwas andrücken. Laibe mehrfach mit einer Gabel einstechen und auf ein Backblech geben.

3. Ein Gefäß mit heißem Wasser auf den Boden des Backofens stellen und Backofen auf 225 °C vorheizen. Dann Backblech in der Mitte einsetzen und 60 – 70 min backen.

19.

Sauerteig-Mischbrot

Zutaten:

- » 350 g Weizenmehl
- » 300 g Roggenmehl
- » 800 g Roggensauerteig nach Grundrezept
- » 1 Pk. Trockenhefe
- » 1 Handvoll gehackte Nüsse
- » 1 Handvoll Sonnenblumenkerne
- » 1 EL Salz
- » 1 TL Kardamom
- » 300ml Wasser (lauwarm)

Zubereitung:

1. Alle Zutaten gut verkneten, bis der Teig fast nicht mehr klebt.
2. Die Schüssel mit einem feuchten Tuch abdecken und 20 min gehen lassen.
3. Noch mal verkneten und in zwei runde Brote formen. Die Brote in den Backofen stellen, bei leicht geöffneter Tür (Kochlöffel dazwischen klemmen) bei 50 °C noch mal gehen lassen.
4. Dann die Brote herausnehmen und mit Küchentüchern abdecken. Den Ofen auf 170 °C vorheizen. Anschließend die Brote 50 min backen. Dabei auf die Bräunung achten, ggf. früher herausnehmen

20.

Rheinisches Schwarzbrot

Zutaten:

- » 2 EL Sauerteig nach Grundrezept
- » 500 g Roggenschrot
- » 500 ml Wasser (lauwarm)
- » 500 g Roggenvollkornmehl
- » 500 g Weizenschrot
- » 700 ml Wasser (lauwarm)
- » 4 TL Salz
- » 1 Tasse gemischte Saaten (Sesam, Leinsamen, Sonnenblumenkerne, nach Geschmack je ein TL frisch gestoßene Korianderkörner, Anissamen, Kümmel)

Zubereitung:

1. Die ersten drei Zutaten in einer großen Schüssel gut miteinander mischen und für 12 Stunden, mit einem Geschirrtuch abgedeckt, bei Zimmertemperatur stehen lassen.

2. Nach 12 Stunden alle anderen Zutaten mit dem Teigansatz mischen und gut durchkneten.

3. Den Teig in eine große, mit Backpapier ausgekleidete Kastenform füllen, die Oberfläche glattstreichen und mit einem Schaschlikspieß oder ähnlichem gleichmäßig verteilt über die Oberfläche ca. 25 mal bis zum Boden einstechen.

4. Vier Stunden bei ca. 25 °C abgedeckt in der Form stehen lassen.

5. Bevor die Form in den Ofen kommt, die Oberfläche mit reichlich warmem Wasser einstreichen.

6. Eine Stunde im vorgeheizten Ofen bei 250 °C backen, dann wieder mit Wasser bestreichen und bei 200 °C eine weitere Stunde backen.

7. Die Form aus dem Backofen nehmen, abgedeckt abkühlen lassen und dann stürzen. Im Herbst und Winter kann man auch sehr gut Nüsse und Rosinen in den Schwarzbrotteig geben, man lässt dann allerdings den Kümmel weg.

Tipp: Ein bis zwei Tage nach dem Backen lässt sich das Schwarzbrot besonders gut auf der Brotmaschine schneiden und portionsweise einfrieren.

21.

Sauerteigbrot

Zutaten:

Für den Grundansatz:

- » 100 g Roggenvollkornmehl
- » 100 g Roggenschrot
- » 250 ml lauwarmes Wasser

Für den Vorteig:

- » 1–2 geh. EL Sauerteig nach Grundrezept
- » 1 TL Backferment
- » 400 g Weizen (fein oder grob gemahlen)
- » 400 ml lauwarmes Wasser

Für den Hauptteig:

- » Rest des Vorteiges
- » 600 ml Wasser (lauwarm)
- » 1 EL Salz
- » 600 g Weizen oder Roggenschrot

Zubereitung:

1. **Grundansatz:** Zutaten gut vermischen und drei Tage gleichbleibend warm stehen lassen, bis die Gärung durch Blasenbildung erkennbar geworden ist.

2. **Vorteig:** Der Sauerteig wird zusammen mit dem Backferment in einem Teil des Wassers klumpenfrei aufgelöst. Dieses mit dem Weizen und dem restlichen Wasser in einer Schüssel vermischen.

3. Etwa 12 Stunden abgedeckt bei Zimmertemperatur stehen lassen.

4. 1–2 EL vom Vorteig in einem Schraubglas abfüllen und als Grundansatz für das nächste Brot im Kühlschrank aufbewahren (hält sich einige Wochen).

5. Hauptteig: Der Rest des Vorteiges wird mit dem in etwas Wasser aufgelösten Salz gut vermischt, anschließend wird das Mehl mit dem restlichen Wasser hinzugegeben und gut durchgerührt. Da der Teig nicht zu dünn werden darf, sollte man das Wasser nur nach und nach solange hinzugeben, bis ein schwerer Teig entstanden ist.

6. Den Teig etwa eine Stunde an einem warmen Ort gehen lassen. Damit er an der Oberfläche nicht antrocknet, mit etwas Wasser bestreichen.

7. Nach der Stunde den Teig in eine Kastenform geben, mit Alufolie abdecken und bei 50 °C eine Stunde gehen lassen. Danach die Temperatur auf 220 °C stellen und den Teig zwei Stunden backen.

8. Die Alufolie nach einer Stunde abnehmen, damit die Kruste knusprig wird.

9. Das fertige Brot bitte sofort aus der Form nehmen und ausdünsten lassen.

Variationen:

Statt 600 g Schrot oder Mehl kann man auch 200 g Mehl durch andere Getreidesorten wie Dinkel, Buchweizenmehl o. ä. ersetzen. Auch kann man Leinsamen, Sesam, Sonnenblumenkerne hinzugeben.

Zu beachten ist jedoch, dass Körner 24 Stunden in Wasser aufquellen müssen und eventuell die Wassermenge angepasst werden muss.

22.

Volles 6-Kornbrot

Zutaten:

- » 500 g Weizenmehl (Typ 1050)
- » 250 g Roggenschrot
- » 250 g Weizenschrot
- » 100 g Leinsamen
- » 100 g Sesam
- » 150 g Sonnenblumenkerne
- » 175 g Rübenkraut
- » 1 l Buttermilch
- » 3 Würfel frische Hefe
- » 1 ½ TL Salz

Zubereitung:

1. Alle Zutaten in die auf 30 °C erhitzte Buttermilch einrühren.
2. Den Teig in eine gut gefettete und bemehlte Brotform gießen.
3. Den Backofen auf 150 °C vorheizen und eine Schüssel mit Wasser hineinstellen. Das Brot 2 bis 2 1/2 Stunden backen.

Hinweis: Der Teig braucht vor dem Backen nicht zu gehen.

Tipp: Ein sehr herzhaftes Brot, das hervorragend mit Schmalz, Schinken, Leberwurst oder auch frischen Käsesorten schmeckt.

23.

Dinkel-Roggen-Mischbrot

Zutaten:

- 500 g Dinkelmehl (Typ 630)
- 125 g Roggenmehl (Typ 1150)
- 10 g Salz
- ½ Würfel frische Hefe
- 2 TL Gerstenmalzsirup

Zubereitung:

1. Dinkel und Roggenmehl mit dem Salz in einer Schüssel mischen. Hefe und Gerstenmalzsirup in 350 ml lauwarmem Wasser auflösen und zur Mehlmischung geben. Mit den Knethaken des Handrührers (oder in einer Küchenmaschine) während 5 min zu einem glatten Teig verkneten, der sich vom Schüsselrand löst (falls der Teig nicht zusammenhält, nochmals 1–2 EL Wasser darunterkneten).

2. Teig zu einer Kugel formen und in die Schüssel legen. Mit Klarsichtfolie abdecken und ca. eine Stunde an einem warmen Ort gehen lassen, bis sich das Volumen verdoppelt hat. Den Teig auf einer leicht bemehlten Arbeitsfläche 3–4 min kräftig durchkneten. Zu einer Kugel (20 cm Ø) formen und auf ein mit Backpapier belegtes Backblech legen. Teig mit Mehl bestäuben. Eine große Schüssel (26 cm Ø) 10 cm hoch, dünn mit Öl ausstreichen und über den Teig stülpen.

3. Teig weitere 30–45 min gehen lassen. Der Teig soll so elastisch sein, dass er seine ursprüngliche Form wieder annimmt, nachdem man eine Delle hineingedrückt hat. Backofen mit Ober- und Unterhitze auf 250 °C vorheizen (Umluft nicht empfehlenswert), dabei ein tiefes Blech mit 500 ml heißem Wasser auf der untersten Schiene vorheizen.

4. Backblech mit dem Teig auf der Schiene von unten 10 min backen: Beim Einschieben des Brotes die Ofentür nur ganz kurz öffnen! Das tiefe Blech nach 10 min aus dem Backofen nehmen, Temperatur auf 210 °C herunterschalten und das Brot weitere 35 min backen.

5. Backofen öffnen, um den entstandenen Dampf abzulassen. Brot bei leicht geöffneter Ofentür weitere 5 min backen. Das Brot auf einem Gitter abkühlen lassen.

24.

Weizenschrotbrot mit Trinkmolke

Zutaten:

- » 1 ½ Pk. Trockenhefe
- » 600 ml Trinkmolke ohne Fruchtzusatz
- » 1 EL brauner Zucker oder Ahornsirup
- » 400 g Weizenschrot (Typ 1700 oder Grahammehl)
- » 300 g Mehl Typ 1050
- » 3 TL Vollmeersalz
- » 1 TL Kümmel
- » Milch zum Bestreichen
- » 1 TL Gersten oder Haferflocken zum Bestreuen

Zubereitung:

1. Die Hefe mit vier Esslöffeln lauwarmer Trinkmolke und dem Zucker verrühren. An einem warmen Ort 25 min gehen lassen.

2. Beide Mehlsorten mit der Hefe und der lauwarmen Molke verkneten, bis der Teig sich vom Schüsselrand löst.

3. Etwa 40 min gehen lassen, durchkneten und in eine gefettete Kastenform füllen. Mit Milch bestreichen, in der Mitte den Teig der Länge nach einschneiden. Eventuell mit Flocken bestreuen.

4. Noch einmal 30 min gehen lassen. Im auf 200 °C vorgeheizten Backofen 50 – 60 min backen.

25.

Kärntner-Hausbrot

Zutaten:

- 450 g Roggenmehl (Typ 960)
- 50 g Weizenmehl (Typ 550 oder 405)
- 150 g Sauerteig nach Grundrezept
- 1 Pk. Trockenhefe
- 1 Prise Salz
- 1 TL Kümmel
- 1 TL Anis
- 1 TL Fenchelkörner
- 300 ml Wasser (lauwarm)

Zubereitung:

1. In eine Rührschüssel das Roggenmehl, Weizenmehl, Sauerteig, Hefe, Salz, Kümmel, Anis, Fenchel und Wasser hineingeben und mit den Knethaken der Küchenmaschine langsam zu einem Teig kneten.
2. Dann nochmals per Hand den Teig gut durchkneten, bis er nicht mehr klebrig ist, sondern schön glatt, geschmeidig, aber dennoch fest ist.
3. Den Teig mit Frischhaltefolie einwickeln und für ca. eine Stunde gehen lassen.
4. Den Backofen auf 225 °C Ober- und Unterhitze vorheizen und eine hitzebeständige Schüssel mit Wasser ins Rohr stellen.
5. Dann für 15 min in den Backofen. Nach den 15 min die Hitze auf 180 °C runterschalten und das Brot für weitere 45 min weiterbacken.
6. Das Wasser verdampft zum Teil beim Backen und verhindert so, dass das Brot austrocknet.

26.

Haselnussbrot

Zutaten:

- » 150 g Haselnüsse
- » 200 g Weizenmehl
- » 250 g Roggenmehl (Typ 997)
- » 1 TL Zucker
- » 1 EL Salz
- » ¼ Würfel frische Hefe
- » 70 g Sauerteig nach Grundrezept
- » etwas Butter für die Form
- » etwas Mehl zur Teigverarbeitung
- » einige grobe Haferflocken zum Bestreuen

Zubereitung:

1. Haselnusskerne grob hacken, in der Pfanne ohne Öl etwas anrösten. Beiseitestellen und abkühlen lassen.

2. Mehle mit Zucker und Salz in einer Schüssel mischen. Hefe und Sauerteig zugeben. 200 ml lauwarmes Wasser zufügen und die Zutaten mit den Knethaken des Handrührgerätes 5 min zu einem glatten Teig kneten. Zugedeckt ca. eine Stunde gehen lassen. Kastenform fetten. Teig auf einer leicht bemehlten Arbeitsfläche durchkneten, abgekühlte Haselnüsse mit den Händen unter den Teig kneten. Nun zu einem ca. 25 cm langen Strang formen. Brot in die gefettete Form legen. Zugedeckt erneut ca. 60 min ruhen lassen.

3. Etwas Wasser zum Bestreichen sowie einige grobe Haferflocken zum Bestreuen bereithalten. Backofen auf 220 °C vorheizen. Brot üppig mit Wasser bestreichen und mit Haferflocken bestreuen. Das Brot 10 min im Backofen anbacken.

4. Danach die Ofentemperatur auf 200 °C reduzieren und das Brot ca. 35 min fertigbacken. Vollständig erkalten lassen und aus der Form lösen.

27.

Knoblauchbrot

Zutaten:

- » 1000 g Mehl
- » 1 Würfel frische Hefe
- » 1 TL Salz
- » 500 ml Milch (kalt)
- » 100 - 150 g Margarine (oder Butter)
- » 1 Ei
- » 3 TL Salatkräuter
- » 11 -15 Knoblauchzehen (feingehackt)

Zubereitung:

1. Alle Zutaten zusammenkneten und 45 min abgedeckt gehen lassen.

2. Dann noch einmal kräftig durchkneten und in eine gefettete Form geben. Zudecken und noch einmal 20 min gehen lassen.

3. In der Zwischenzeit den Ofen auf 180 °C vorheizen und dann das Brot auf der unteren Schiene 35–45 min backen.

28.

Baguette

Zutaten:

- 500 g Weizenmehl (Typ 550)
- 1 Würfel frische Hefe
- 125 ml Wasser (lauwarm)
- 125 ml Milch (lauwarm)
- 2 TL Salz
- 2 EL Öl
- 1 Eiweiß
- 1 EL Wasser

Zubereitung:

1. Das Mehl im auf 50 °C vorgeheizten Backofen 30 min erwärmen. Danach mit der Hefe gut vermischen.
2. Wasser, Milch, Salz und Öl dazugeben und alles zu einem geschmeidigen Teig verkneten. Den Teig reichlich mit Mehl bestäuben und an warmem Ort zugedeckt 4–5 Stunden gehen lassen.
3. Danach den Teig nochmals kurz durchkneten, halbieren, jedes Teigstück zu einer rechteckigen Platte (30×25 cm) ausrollen.
4. Die Rechtecke jeweils von den Längsseiten zusammenrollen, die Enden während des Rollens fest zusammendrücken. Die Stangen mit der Nahtseite nach unten auf ein geöltes Backblech legen und nochmals 20 min gehen lassen.
5. Danach die Brote im Abstand von 5 cm schräg einschneiden und goldbraun backen. 10 min vor dem Ende der Backzeit mit Wasser verquirltem Eiweiß bestreichen. Die fertig gebackenen Brote auf einem Rost auskühlen lassen.
6. Backzeit: 10 min bei 220 °C, dann etwa 30 min bei 180 °C.

29.

Bananenbrot, pikant

Zutaten:

- » 500 g Weizenmehl (Typ 1050)
- » 2 TL Salz
- » 1 TL Zucker
- » 1/2 Würfel frische Hefe
- » 300 ml Milch
- » 50 g Butter
- » 500 g Bananen (geschält)
- » 1/2 Zitrone (Saft)
- » 1 1/2 TL Grüner Pfeffer
- » 4 TL Petersilie (gehackt)
- » Mehl (zum Kneten)
- » 1 Ei

Zubereitung:

1. Das Mehl in eine große Schüssel sieben, das Salz darüberstreuen und vermischen. In die Mitte eine Mulde drücken, den Zucker hineingeben und die Hefe darüberstreuen/bröckeln. Mit etwas Mehl vermischen und mit der Hälfte handwarmer Milch zu einem Brei verrühren. Beim Rühren in der Mulde so viel Mehl mitreißen, bis eine breiartige Konsistenz entsteht. Dabei bleibt ca. die Hälfte des Mehls übrig!

2. Die Schüssel in einen Plastikbeutel schieben, mit einem Küchentuch bedecken und an einem warmen Platz (25 bis 42 °C, bei über 42 °C stirbt die Hefe) 15 min aufgehen lassen (der Brei hat seinen Umfang verdoppelt und zeigt große Blasen). Über das Hefestück etwas Mehl streuen und den Rest der warmen Milch und das zerlassene handwarm abgekühlte Fett hinzufügen. Alles gut mischen und etwa 15 min zu einem glatten Teig kneten, der nicht mehr klebt und anfängt Blasen zu zeigen. Knetzeit einhalten! Der Teig wird ganz geschmeidig, man hat den Eindruck, er sei innen hohl, wenn man ihn auf den Tisch fallen lässt.

3. Den Teig zu einem Ball formen und auf den mit Mehl bestreuten Boden der Schüssel legen. Wieder in den Plastikbeutel schieben und mit einem Küchentuch bedeckt 30 min an einem warmen Ort gehen lassen, bis sich

sein Umfang verdoppelt hat. Die geschälten Bananen in dünne Scheiben schneiden, mit Zitronensaft beträufeln und 10 min zugedeckt marinieren.

4. Den Teig zu einem Rechteck von 30×40cm ausrollen, die Bananenscheiben gleichmäßig darauf verteilen und mit den Pfefferkörnern und Petersilie überstreuen. Das Teigrechteck der Länge nach aufrollen und in eine geeignete, eingefettete Backform legen. Nochmals mit einem Küchentuch bedecken und an einem warmen Ort 60 min aufgehen lassen. Dazwischen mit verquirltem Ei bestreichen und die Oberfläche mit einer Gabel einstechen.

5. Beim Backen eine feuerfeste Schale mit kochendem Wasser in den Ofen stellen. Auf der Leiste von unten 45–50 min backen. Ober- und Unterhitze: 200 °C / Umluft: 170 °C. Falls die Oberfläche zu stark bräunt, gegen Ende der Backzeit mit Alufolie abdecken.

6. Das fertige Brot 5 min in der Form belassen, auf einen Gitterrost stürzen. Ein ungewöhnlich pikantes Brot, das am besten zu Tee oder Wein schmeckt, wenn es warm gegessen wird. Aufbacken bei 150 °C ist möglich.

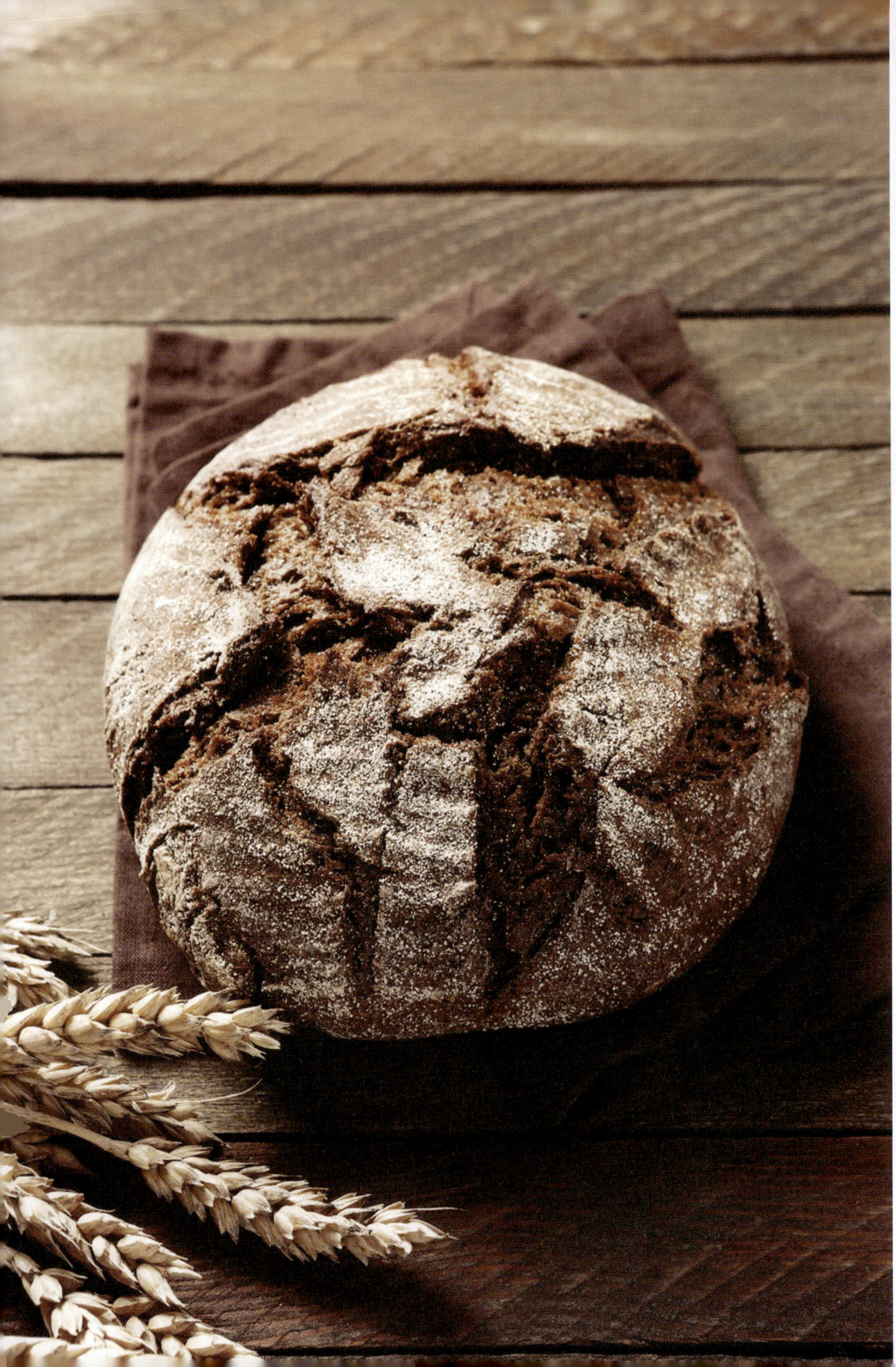

30.

Rundes Bauernbrot

Zutaten:

- 450 g Roggenmehl (Typ 997 oder 1150)
- 50 g Vollkornschrot (geht auch ohne)
- 200 ml Wasser (lauwarm)
- 100 ml Buttermilch
- 1 TL Salz
- 1/2 Würfel frische Hefe
- 50 g Sauerteig nach Grundrezept

Zubereitung:

1. Aus 200 g des Roggenmehls, dem Schrot, Wasser und Sauerteig einen Teig rühren, mit etwas Mehl einstäuben und in der Schüssel 24 Stunden stehen lassen.

2. Die Hefe in der Buttermilch auflösen und zusammen mit dem Vorteig und allen anderen Zutaten kräftig zu einem Teig kneten.

3. Zwei runde Brotlaibe formen, die Oberseite mit Roggenmehl bestreuen und auf ein gefettetes Backblech legen. Nochmals ca. 30 min ruhen lassen.

4. Mit einer Schüssel Wasser bei 250 °C 15 min backen. Anschließend auf 180 °C herunterstellen und 40 min weiterbacken.

31.

Bierbrot

Zutaten:

- » 500 g Weizenmehl
- » 2 TL Backpulver
- » 1 TL Salz
- » 2 EL Honig
- » 330 ml Bier (am besten Pils)
- » 100 g Butter

Zubereitung:

1. Bis auf die Butter alle Zutaten in einer Schüssel vermischen und in die Kastenform geben.

2. Die geschmolzene Butter über dem Brot verteilen. Etwa eine Stunde bei 180 °C backen und am besten warm essen.

32.

Böhmisches Osterbrot

Zutaten:

- 1 ½ Würfel frische Hefe
- 140 g Zucker
- 240 ml Milch (lauwarm)
- 1 kg Weizenmehl
- 210 g Butter
- 2 Eigelb
- 1 Prise Salz
- Etwas abgeriebene Schale von 1 Zitrone
- 200 g Rosinen
- 10 g Zitronat
- 100 g Mandeln (gehackt)
- 1 Eigelb zum Bestreichen
- Butter zum Einfetten

Zubereitung:

1. Die Hefe zerbröckeln, mit etwas Zucker und etwas lauwarmer Milch verrühren. Das Mehl in eine Schüssel sieben. In der Mitte eine Vertiefung machen, die Hefe hineingießen und mit etwas Mehl verrühren. Den Vorteig zugedeckt an einem warmen Ort 15 min gehen lassen.

2. Dann Butter, Eigelbe und den verbliebenen Zucker schaumig rühren und unter das gegangene Hefestück mischen. Die restliche Milch, Salz sowie die abgeriebene Zitronenschale dazugeben und den Teig so lange gut durchschlagen, bis er sich von der Schüssel löst.

3. Darauf die in Mehl gewälzten Rosinen, das fein geschnittene Zitronat und die gehackten Mandeln in den Teig verarbeiten. Hieraus einen runden Laib formen und zugedeckt an einem warmen Ort etwa 30 min gehen lassen. Das Eigelb in einer Tasse verquirlen, das Brot damit bestreichen und mit einem Messer kreuzförmig oben einschneiden.

4. Den Laib auf ein gefettetes Backblech setzen und im vorgeheizten Ofen ca. 50 min bei 200 °C backen.

33.

Briochebrot

Zutaten:

- ½ Würfel frische Hefe
- 10 g Zucker
- 250 g Weizenmehl
- 5 g Salz
- 100 g weiche Butter
- 2 Eier

Zubereitung:

1. Hefe und Zucker zusammen in eine Tasse geben und so lange stehen lassen, bis sich die Hefe verflüssigt hat. Mehl und Salz in die Schüssel geben, mit dem Knetarm kurz durchmischen, aufgelöste Hefe zufügen, nochmals kurz vermischen. Butter löffelweise bei langsamen Touren zufügen, die Eier stückweise zu der MehlButtermischung geben und alle Zutaten zu einem geschmeidigen Teig schlagen.

2. Teig zu einer Kugel formen, in eine handwarme Schüssel legen, mit einem Küchentuch bedecken und auf der offenen Ofentür (Ofen auf ca. 50 °C vorgeheizt) während einer Stunde gehen lassen. In dieser Zeit muss sich das Teigvolumen verdoppeln.

3. Anschließend den Teig auf einem bemehlten Tisch mit den Händen kurz durcharbeiten.

4. Den Teig zu einem Rechteck von 20×26 cm ausziehen, die Teigplatte eng aufrollen. Diese mit der Abschlusskante nach unten in die gebuttert und bemehlte Cakeform (10,5×25 cm) legen und erneut auf der warmen Ofentür während 30 min gehen lassen.

5. Briocheoberfläche mit Eigelb bestreichen, die Form auf die mittlere Schiene des auf 250 °C vorgeheizten Backofens schieben – Backofen völlig ausschalten! Brioche währen 35 min backen. Anschließend aus der Form lösen und auf einem Kuchengitter auskühlen lassen.

Tipp: Brioche, noch warm serviert, schmeckt besonders herrlich zu einer Entenleberterrine oder am Sonntagmorgen zum Frühstück. Wenn Sie Lust haben, können Sie die Menge verdoppeln, ein Brot frisch verwenden und das andere einfrieren. Als Toastbrot eignet sich das Eingefrorene immer noch gut.

34.

Chia-Brot

Zutaten:

- » 150 g Haferflocken
- » 140 g Sonnenblumenkerne
- » 80 g Leinsamen
- » 60 g gemahlene Mandeln
- » 3 EL Chiasamen
- » 2 Eier
- » 1 TL Salz
- » 1 EL Honig
- » 3 EL Öl

Zubereitung:

1. Haferflocken, Sonnenblumenkerne, Leinsamen, Mandeln und Chiasamen mischen. In einer zweiten Schüssel die Eier verquirlen. Mit Salz, Honig, Öl und 300 ml Wasser verrühren. Trockene und flüssige Zutaten zu einem glatten Teig vermengen. Ggf. noch etwas Wasser dazugeben.

2. Eine Kastenform mit Backpapier auslegen. Teig in die Form geben und mindestens zwei Stunden ruhen lassen. Anschließend im vorgeheizten Backofen ca. 20 min bei 150 °C backen.

3. Brot aus der Form nehmen, auf den Backofenrost setzen und bei gleicher Temperatur ca. 50 min weiterbacken. Brot aus dem Ofen nehmen und vollständig abkühlen lassen.

35.

Kürbis-Brot

Zutaten:

- » 250 g Hokkaido
- » 2 Eier
- » 1 TL Vanillepaste
- » 30 g Olivenöl
- » 30 g Bio Vielblütenhonig
- » 1 Pk. Backpulver
- » 1 TL Zimt, gemahlen
- » 160 g Nussfruchtmischung
- » 150 g Mandelmehl

Zubereitung:

1. Backofen vorheizen (Ober- und Unterhitze: 150 °C / Umluft: 140 °C). Den Kürbis schälen und auf der groben Seite der Küchenreibe reiben. Hokkaido, Eier, Vanillepaste, Olivenöl, Vielblütenhonig, Backpulver, Zimt und 2/3 der Nussfruchtmischung miteinander vermischen.

2. Das Mandelmehl dazugeben und gut durchkneten. In eine mit Backpapier ausgekleidete Kastenform verteilen. Die Oberfläche des Teigs mit der restlichen Nussfruchtmischung bestreuen und für 90 min im Ofen backen.

3. Das Brot für 30 min auskühlen lassen und servieren.

36.

Walnuss-Baguettes

Zutaten:

- » ½ Würfel frische Hefe
- » 150 g Weizen-Vollkornmehl
- » 150 g Weizenmehl (Typ 405)
- » 110 g Dinkelmehl (Typ 630)
- » 50 g Walnüsse
- » 7 g Salz
- » 1 TL neutrales Öl

Zubereitung:

1. Backhefe mit 2 EL lauwarmem Wasser und 2 EL Mehl in einer Schüssel verrühren. Dann alle anderen Mehlsorten und 280 ml Wasser dazugeben. Mit den Knethaken des Handrührgeräts auf kleiner Stufe etwa 2 min verkneten. Für 20 min abgedeckt gehen lassen. Walnüsse grob hacken und mit Salz zum Teig geben. Weitere 5 min auf mittlerer Stufe kneten, bis sich der Teig vom Schüsselrand löst.

2. Nun eine Stunde lang alle 15 min mit einem Teigschaber rundherum von außen nach innen falten, sodass zusätzlich Luft in den Teig eingeschlossen wird. Dann den Teig in eine leicht geölte Plastikdose geben und verschlossen für eine Stunde im Kühlschrank gehen lassen. Jetzt den Teig aus der Form auf eine leicht bemehlte Arbeitsfläche stürzen und kreuzweise vierteln.

3. Teigstücke mit leicht bemehlten Händen zu Rollen formen. Mit der Teignaht nach unten auf die Arbeitsfläche legen, mit einem Tuch abdecken und für weitere 20 min gehen lassen. Mit sachtem Druck die Rollen zu etwa 35 cm langen Baguettes formen und mit der Teignaht nach unten auf ein mit Backpapier belegtes Blech geben.

4. Für 20 min abgedeckt gehen lassen. Inzwischen den Backofen vorheizen (Ober- und Unterhitze: 230 °C / Umluft: 200 °C). 500 ml Wasser im Wasserkocher aufkochen, in ein tiefes Backblech gießen und auf die unterste Schiene im Backofen stellen. Schließlich die Baguettes mit etwas Mehl abpudern und mit einem scharfen Messer in Abständen von 3 cm einschneiden.

5. Im Backofen auf der zweiten Schiene von unten für 10 min backen. Das tiefe Wasserblech herausnehmen und weitere 10 min backen. Auf einem Gitter abkühlen lassen.

37.

Wurzelbrot

Zutaten:

- » 500 g Dinkelmehl
- » 100 g Weizenvollkornmehl
- » 1 Pk. Trockenhefe
- » 10 g Zucker
- » 360 ml Wasser (lauwarm)
- » 15 g Salz

Zubereitung:

1. Zunächst alle Zutaten bis auf das Salz in eine große Schüssel geben und verkneten, bis sie gut vermischt sind. Dann das Salz hinzufügen und alles verkneten, bis ein glatter Teig entsteht.

2. Den Teig in eine saubere Schüssel geben, ihn mit etwas Mehl bestäuben und mit einem sauberen Geschirrtuch abgedeckt mindestens drei Stunden lang an einem warmen Ort gehen lassen.

3. Den Teig dann auf eine bemehlte Arbeitsfläche legen und halbieren. Die Hälften zu länglichen Broten formen und dann für die typische Form mehrmals eindrehen.

4. Eine ofenfeste Schale mit etwa 500 ml Wasser auf den Boden des Backofens stellen und ihn auf 240 °C Umluft vorheizen.

5. Die ungebackenen Brote auf ein mit Backpapier ausgelegtes Backblech legen und dort mit einem Geschirrtuch abgedeckt für weitere 20 min gehen lassen.

6. Dann die Brote in den vorgeheizten Ofen schieben und für 15 min backen. Anschließend die Temperatur auf 190 °C reduzieren und weitere 10 min fertigbacken.

38.

Haferflockenbrot

Zutaten:

- » 350 ml Wasser
- » 1/2 Würfel frische Hefe
- » 200 g Weizenmehl
- » 200 g Roggenmehl
- » 100 g Haferflocken
- » 1 TL Salz
- » optional 1 EL Brotgewürz
- » Fett für die Form
- » Haferflocken, um das Brot zu bestreuen

Zubereitung:

1. Das Wasser leicht erhitzen und die Hefe darin auflösen (falls frische Hefe verwendet wird). Darauf achten, dass das Wasser nur lauwarm wird. Bei höheren Temperaturen kann die Hefe nicht gut arbeiten. Das Hefewasser mit Mehl, Haferflocken, Salz und gegebenenfalls Brotgewürz in einer großen Schüssel vermengen. Solltes Trockenhefe verwendet werden, diese direkt zum Mehl geben und anschließend alle Zutaten miteinander vermengen.

2. Die Zutaten zu einem gleichmäßigen Teig verkneten. Den Teig zugedeckt an einem warmen Ort etwa 60 bis 90 min lang gehen lassen. Nach der Ruhezeit erneut gründlich durchkneten. Eine Kastenform mit Pflanzenmargarine oder Öl einfetten und den Teig hineingeben.

3. Das Brot mit etwas Wasser bestreichen und nach Belieben mit Haferflocken bestreuen. Erneut 20 bis 30 min lang gehen lassen.

4. Das Haferflockenbrot bei 180 °C Umluft beziehungsweise 200 °C Ober- und Unterhitze etwa 45 bis 50 min lang in den Backofen geben.

39.

Walnussbrot

Zutaten:

- » 1 Würfel frische Hefe
- » 400 ml Wasser (lauwarm)
- » 300 g Weizenmehl
- » 2 TL Meersalz
- » 100 g Honig
- » 60 ml Walnussöl oder Butter
- » 200 g gehackte Walnüsse
- » etwas Butter zum Anrösten der Walnüsse
- » 300 g Roggenmehl

Zubereitung:

1. Die Hefen zusammen mit 200 ml Wasser, drei Esslöffeln des Weizenmehls und dem Salz in eine Schüssel geben und alles verrühren, bis sich die Hefe auflöst. Das Ganze 15 min ruhen lassen, sodass die Hefe aktiv werden kann. Den Honig, das Öl und das restliche Wasser in die Mischung geben und rühren, bis der Honig sich auflöst. Die Mischung zur Seite stellen und weiter ruhen lassen.

2. Die gehackten Walnüsse rösten. Dazu erst die Brösel absieben, da diese zu schnell anbrennen würden. Dann etwas Butter in eine Pfanne geben und die Nüsse darin bei mittlerer bis hoher Temperatur rösten, bis sie leicht goldbraun sind. Darauf achten, dass sie nicht anbrennen. Ein Viertel der gerösteten Walnüsse beiseitestellen. Den Rest jetzt entweder mit einem sehr scharfen Messer oder mit einer Küchenmaschine sehr fein hacken.

3. Die fein und grob gehackten Walnüsse mit dem Mehl in einer Extraschüssel gut miteinander vermischen. Die Walnuss-Mehl-Mischung jetzt unter stetigem Rühren mit dem Knethaken eines Rührgeräts in die Schüssel mit dem Hefe-Wasser geben. Alternativ die Zutaten mit den Händen verkneten. Den Teig kneten, bis er schön elastisch und nicht mehr klebrig ist. Den Brotteig nun zwei Stunden lang in der Schüssel gehen lassen.

4. Den Teig nach der Wartezeit noch einmal kräftig per Hand durchkneten und ihn in eine Brotbackform geben. Den Teig mit Wasser einpinseln und leicht mit Mehl bestäuben. Das Brot alle drei fingerbreit längs und quer einen Zentimeter leicht einschneiden.

5. Das Brot ca. 10 min auf der unteren Schiene im Ofen bei 220 °C Umluft, dann weitere 45 min bei 180 °C backen.

6. Da jeder Ofen in seiner Stärke variiert, solltest du nach etwa einer halben Stunde immer wieder sichergehen, dass dein Brot nicht verbrennt. Das fertige Brot herausnehmen und es auf einem Rost abkühlen lassen.

40.

Vollkornbrot

Zutaten:

- » 2 EL Haferflocken
- » 450 ml Wasser
- » 1 ½ Würfel frische Hefe
- » 2 TL Salz
- » 2 EL Essig
- » 150 g Kerne (z. B. Sonnenblumenkerne oder Kürbiskerne)
- » 500 g Vollkornmehl
- » Butter zum Einfetten

Zubereitung:

1. Den Backofen auf 200 °C Celsius vorheizen. Übrigens: Wenn Energie gespart werden soll, kann auch auf das Vorheizen verzichtet werden. Das Brot dann einfach einige Minuten länger backen lassen.

2. Die Kastenform mit etwas Butter einfetten. Die Haferflocken in der Kastenform auslegen. Das Wasser zusammen mit der Hefe, dem Salz und dem Essig in eine Rührschüssel geben. Die Masse so lange verrühren, bis sich die Hefe komplett aufgelöst hat. Die Kerne zu der Menge hinzufügen und alles zu einem Teig verrühren. Er sollte eine klebrige Konsistenz aufweisen. Ist er zu trocken, einfach noch etwas Wasser hinzufügen.

3. Den fertigen Teig in die Kastenform füllen. Das Brot bei 200 °C etwa 60 min lang backen, bis seine Kruste goldbraun geworden ist.

4. Das fertige Vollkornbrot aus dem Ofen nehmen und vor dem Verzehr abkühlen lassen.

41.

Kartoffelbrot

Zutaten:

- » 450 g Kartoffeln
- » 4 TL Zuckerrübensirup
- » 75 g Sauerteig nach Grundrezept
- » ½ Würfel frische Hefe
- » 350 g Weizenmehl (Typ 405)
- » 330 g Roggenmehl (Typ 1150)
- » 1 Prise Salz

Zubereitung:

1. Zuerst die Kartoffeln weichkochen. Danach mit einem Kartoffelstampfer stampfen und fast ganz abkühlen lassen. In einer Schüssel Zuckerrübensirup, Sauerteig und Hefe miteinander mischen, bis eine homogene Masse entsteht.

2. Ungefähr 300 ml lauwarmes Wasser, die beiden Mehle und das Salz hinzufügen und die Zutaten zu einem glatten Teig verkneten. Zuletzt die abgekühlten Kartoffeln unterkneten und den Teig für gut 10 min durchkneten. Den Teig nun zu einer Kugel formen und ihn in einer abgedeckten Schüssel über Nacht in den Kühlschrank oder Keller stellen. So hat er ausreichend Zeit, um zu gehen. Am nächsten Tag den Teig noch einmal durchkneten und einen Laib daraus formen. Den Gärkorb mehlen und das Brot hineinlegen. Ansonsten den Teig in einer abgedeckten Schüssel ruhen lassen.

3. Jetzt bleibt er noch einmal abgedeckt für zwei Stunden an einem warmen Ort stehen. Den Ofen vorheizen (Ober- und Unterhitze: 230 °C / Umluft: 200 °C) und das Brot für ungefähr 45 min backen.

4. Das Brot danach aus dem Ofen nehmen und auf einem Gitter auskühlen lassen.

42.

Bauernbrot

Zutaten:

- » 500 g Weizenvollkornmehl
- » 500 g Roggenvollkornmehl
- » 750 ml warmes Wasser
- » 1 EL Salz
- » 1 Pk. Trockenhefe
- » 75 g Sauerteig nach Grundrezept
- » Kerne nach Belieben

Zubereitung:

1. Als Erstes das Weizen und das Roggenmehl in eine große Schüssel geben. Anschließend die Hefe und den Sauerteig hinzufügen. Unter ständigem Kneten nun langsam das lauwarme Wasser dazugießen, bis der Teig glatt und klebrig ist.

2. Jetzt muss der Teig drei Stunden lang an einem warmen Ort gehen. Sonnenblumenkerne oder Kürbiskerne hinzugeben und kurz in den Teig einarbeiten. Auch Nüsse eignen sich gut.

3. Danach muss der Teig für weitere zwei Stunden an einem warmen Ort gehen. Der Teig ist dann etwa doppelt so groß und bereit für den Backofen. Um das Brot zu backen, muss der Backofen nicht unbedingt vorgeheizt werden.

4. Es genügt, das Brot zu formen und dann auf ein bemehltes Blech zu legen. Bevor das Brot in den Ofen geschoben wird, ein Kreuz in die Oberfläche schneiden – sonst platzt die Kruste auf.

5. Das Brot 50 bis 60 min bei 175 °C auf der untersten Schiene backen. Ganz unten eine ofenfeste Schale mit Wasser stellen, damit das Brot nicht trocken wird. 15 min vor Ende der Backzeit den Ofen öffnen, damit das Wasser abziehen kann.

6. Das Brot nun mit Wasser oder Ei bepinseln, damit die Kruste schön goldgelb wird. Nachdem das Brot aus dem Ofen genommen wurde, einmal mit dem Finger abklopfen. Wenn es hohl klingt, ist es fertig.

43.

Käsebrot

Zutaten:

- » 500 g Dinkelmehl
- » 250 ml Milch
- » 200 g geriebenen Käse (z. B. Gouda)
- » 2 TL Salz
- » 1 Pk. Weinsteinbackpulver

Zubereitung:

1. Zuerst das Dinkelmehl in eine Schüssel sieben. Anschließend die restlichen Zutaten hinzufügen und alles zu einem glatten Teig verkneten.
2. Den Ofen auf 180 °C vorheizen. Den Teig auf ein mit Backpapier ausgelegten Backblech geben und einmal auf der Oberseite einschneiden.
3. Dann für 45 min backen und zum Schluss abkühlen lassen.

44.

Amarant-Dinkelbrot

Zutaten:

- 25 g gepuffter Amarant
- 750 g Dinkelmehl (Typ 630)
- 75 g Dinkelflocken (Großblatt)
- 100 g + 1 EL Dinkel Vollkornschrot
- 2 TL Salz
- 1 1/2 EL Zucker
- 1 Würfel frische Hefe
- 500 ml Wasser (lauwarm)

Zubereitung:

1. Mehl, Dinkelflocken, 100 g Dinkelschrot, Amarant, Salz und Zucker in einer sehr große Rührschüssel mischen. Hefe in 500 ml warmes Wasser bröckeln, unter Rühren auflösen, zur Mehlmischung gießen. Olivenöl zufügen und alles mit den Knethaken des Handrührgerätes kräftig verkneten.

2. Anschließend auf einer bemehlten Arbeitsfläche mit den Händen ca. 5 min gut verkneten. Zurück in die Schüssel geben, zugedeckt an einem warmen Ort ca. 45 min gehen lassen. Dann auf einer bemehlten Arbeitsfläche gut verkneten. Zu einem Brotlaib (ca. 30 cm lang und 17 cm breit) formen.

3. Auf ein mit Backpapier ausgelegtes Backblech setzen, Oberfläche mit einem Messer mehrmals leicht einritzen. Mit 1 EL Dinkelschrot bestreuen. Mit einem Handtuch zugedeckt an einem warmen Ort ca. 30 min gehen lassen. Im vorgeheizten Backofen (Ober- und Unterhitze: 225 °C / Umluft: 200 °C) 10 min backen.

4. Dann die Backofentemperatur reduzieren (Ober- und Unterhitze: 200 °C / Umluft: 175 °C) und ca. 30 min weiterbacken. Aus dem Ofen nehmen, auf ein Kuchengitter setzen und abkühlen lassen.

Tipp: Schmeckt frisch am besten. Dazu schmecken Tomaten mit Schnittlauch und frischem Pfeffer.

45.

Roggen-Sauerteigbrot

Zutaten:

- » 2 TL Salz
- » 700 g Roggenmehl (Typ 1150)
- » ¼ Würfel frische Hefe
- » 450 g Sauerteig nach Grundrezept
- » 200 ml Malzbier
- » 150 ml Wasser (lauwarm)

Zubereitung:

1. Die Hefe mit den Händen und etwas Mehl zu Streuseln verreiben. Die restlichen Zutaten zugeben. Mit der Küchenmaschine zu einem feuchten, klebrigen Teig verkneten. Mit Mehl bestäuben und abgedeckt an einem warmen Ort ca. eine Stunde gehen lassen. Backblech mit Backpapier auslegen.

2. Teig auf bemehlter Arbeitsfläche kurz durchkneten. Zu einem länglichen Laib formen. Auf das Backblech setzen. Mit einem Messer mehrmals quer einschneiden. Nochmals ca. eine Stunde gehen lassen. Ofen vorheizen (Ober- und Unterhitze: 225 °C / Umluft: 200 °C).

3. Brot in den Ofen schieben. Ofenwände mit Wasser einsprühen. Das Brot ca. 15 min backen.

4. Backofentemperatur reduzieren (Ober- und Unterhitze: 175 °C / Umluft: 150 °C) und weitere 40–45 min backen. Mithilfe des Klopftests erkennt man, ob das Brot fertig ist: Einfach auf den Boden klopfen – klingt es hohl, das Brot herausnehmen und auf einem Kuchengitter auskühlen lassen.

46.

Vollwert-Knäckebrot

Zutaten:

- » 250 g Weizenvollkornmehl
- » 250 g kernige Haferflocken
- » 120 g geschälten Sesam
- » 50 g Sonnenblumenkerne
- » 25 g Kürbiskerne
- » 20 g Leinsamen
- » 2 TL Salz
- » 6 EL Sonnenblumenöl

Zubereitung:

1. Mehl, Haferflocken, Sesam, Sonnenblumenkerne, Kürbiskerne, Leinsamen und Salz in einer Schüssel mischen. 375 ml Wasser und Öl zufügen. Mit den Knethaken des Handrührgerätes zu einem zähen Teig verkneten. Zwei Backbleche mit kaltem Wasser abspülen.

2. Teig halbieren und jeweils zu einer ca. 3 mm dünnen Platte auf ein Backblech (37 × 32 cm) streichen. Ca. 6 × 10 cm große Stücke einritzen.

3. Nacheinander im vorgeheizten Backofen (Ober- und Unterhitze: 250 °C/ Umluft: 225 °C) 4–5 min backen. Temperatur herunterschalten (Ober- und Unterhitze: 200 °C/ Umluft: 175 °C) und weitere 15–20 min backen.

4. Sofort vom Blech lösen und auskühlen lassen.

Tipp: Dazu schmeckt Schnittlauch-Frischkäse hervorragend. Die Knäckebrote halten luftdicht in Dosen verpackt an einem kühlen, trockenen Ort mindestens 14 Tage.

47.

Glutenfreies Kürbiskern-Brot

Zutaten:

- » 1 Würfel frische Hefe
- » 500 ml Wasser (lauwarm)
- » 1 TL Honig
- » 300 g Buchweizenmehl
- » 200 g Reismehl
- » 100 g Kürbiskerne
- » 75 g Leinsamen
- » 4 EL Sonnenblumenöl
- » 1 TL Essig
- » Öl für die Form

Zubereitung:

1. 500 ml warmes Wasser in eine Schüssel geben, Hefe und Honig darin auflösen. Buchweizenmehl, Reismehl, Kürbiskerne, Leinsamen und Salz mischen. Mehlmischung in das Hefewasser geben und mit dem Knethaken des Handrührgerätes verkneten.

2. 2 EL Öl und Essig hinzufügen und nochmals verkneten. Den weichen Teig in eine mit Öl gefettete Kastenform (ca. 30 cm lang) geben. Oberfläche glattstreichen und der Länge nach mittig mit einem Messer einkerben. Teig ca. eine Stunde zugedeckt an einem warmen Ort gehen lassen.

3. Teig mit 2 EL Öl bestreichen. Ein ofenfestes Gefäß mit Wasser füllen in den vorgeheizten Backofen (Ober- und Unterhitze: 225 °C/ Umluft: 200 °C) stellen und ca. 10 min backen.

4. Backofentemperatur reduzieren (Ober- und Unterhitze: 200 °C/ Umluft: 175 °C) und das Brot für weitere ca. 50 min backen. Brot aus dem Ofen nehmen, auskühlen lassen und aus der Form stürzen.

48.
Dinkelbrot mit Kräutern und Röstzwiebeln

Zutaten:

- 1 Pk. Trockenhefe
- 1 Prise Zucker
- 400 ml Naturjoghurt
- 500 g Dinkelmehl (Typ 630)
- 2 TL Salz
- 3 EL Zwiebeln (knusprig geröstet)
- 3 EL gemischte Kräuter

Zubereitung:

1. Die Hefe mit Zucker und Joghurt (Zimmertemperatur) verrühren. Kurz ruhen lassen. In der Zwischenzeit Dinkelmehl, Salz, Röstzwiebeln und Kräutern vermischen. Dann alles gut miteinander verkneten. Den Teig an einem warmen Ort ca. eine Stunde gehen lassen. Den Teig noch mal gut durchkneten und in eine Kastenform füllen. Wiederum 10 min gehen lassen.

2. Währenddessen den Ofen auf 200 °C vorheizen.

3. Das Brot mit Milch bepinseln und anschließend 30 min auf der untersten Schiene backen.

4. Das Brot lässt sich sehr einfach aus der Form lösen und muss unbedingt gut ausgekühlt sein, bevor man es anschneidet.

Tipp: Statt der Röstzwiebeln könne auch gut getrocknete Tomaten oder gehackte Oliven in diesem Brot verwendet werden.

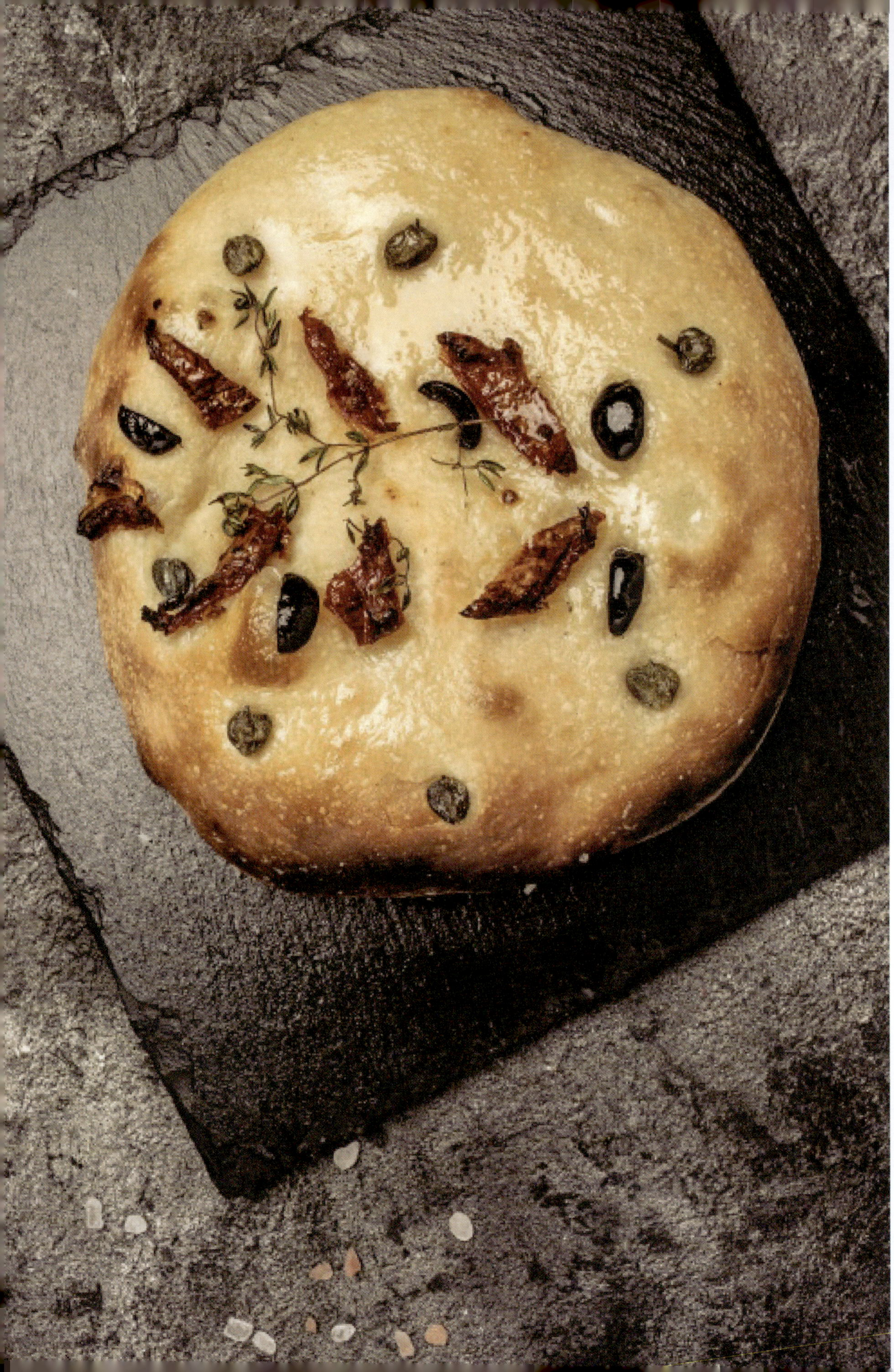

49.

Kartoffel-Oliven-Brot

Zutaten:

- » 1 kg Mehl
- » 1 EL Salz
- » 1 EL Zucker
- » 2 Pk. Trockenhefe
- » 200 g Kartoffelpüreepulver
- » 1250 ml Wasser (lauwarm)
- » 1 Glas Kapern
- » 1 Glas Oliven, schwarze ohne Stein
- » 1 Glas Tomaten, getrocknete
- » Olivenöl
- » Kräuter, italienische getrocknete (Oregano, Thymian, Basilikum usw.)
- » evtl. Peperoni

Zubereitung:

1. Die ersten sechs Zutaten mit dem elektrischen Rührgerät (Knethaken) verrühren. Über Nacht in den Kühlschrank stellen und abdecken.

2. Am nächsten Tag auf einem Backblech ausbreiten und die klein geschnittenen Oliven und Tomaten (nach Belieben auch scharfe Peperoni) darauf verteilen bzw. tief in den Teig drücken. Mit Olivenöl bestreichen und mit Kräutern bestreuen.

3. 15 min bei 200 °C Umluft backen und anschließend die Temperatur auf 175 °C reduzieren und weitere ca. 25 min backen.

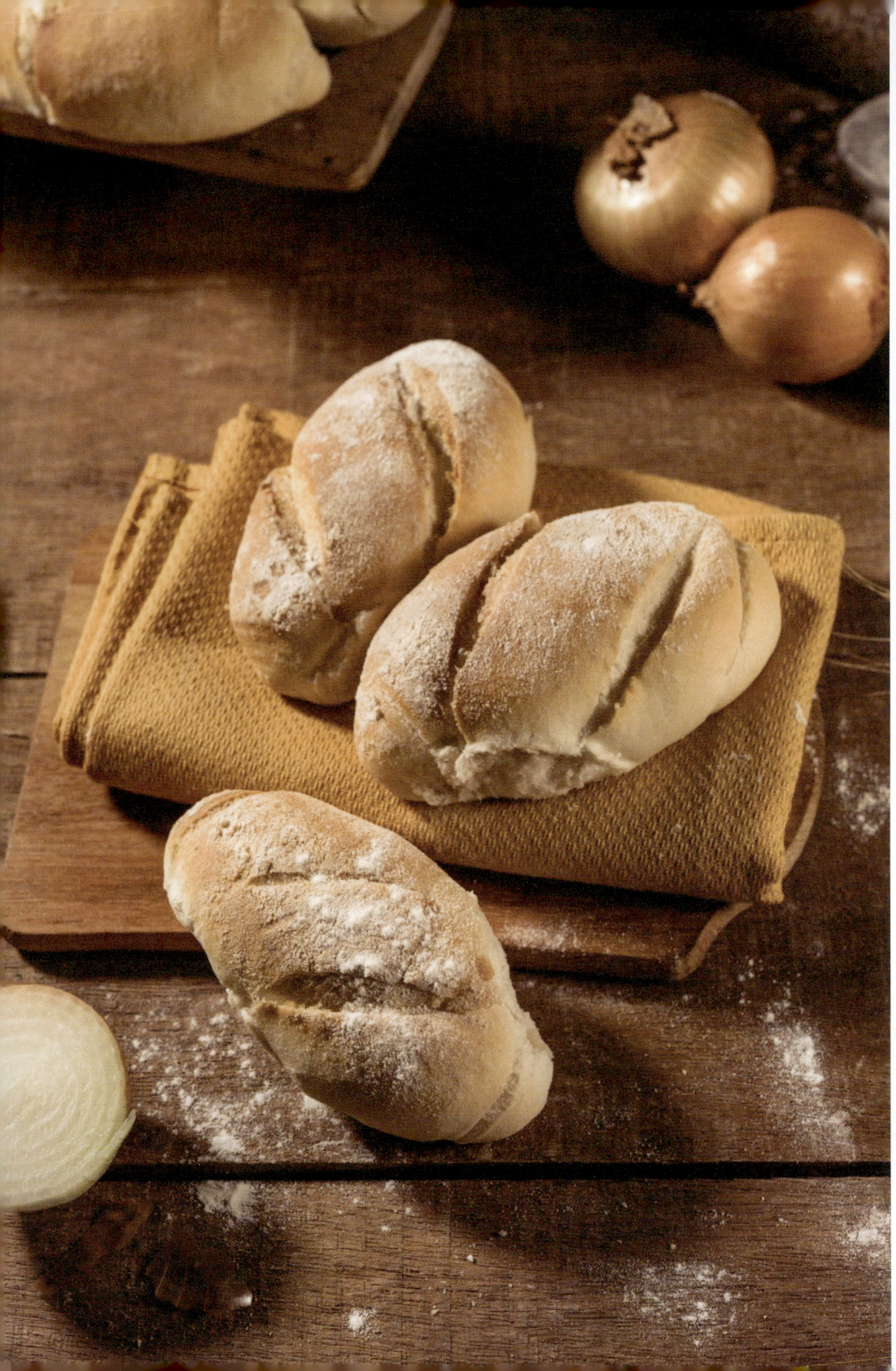

50.

Käse-Zwiebel-Brot

Zutaten:

- 1 kg Mehl
- 2 große Zwiebeln
- 200 g Käse nach Wahl
- 2 Würfel frische Hefe
- 500 ml Wasser (lauwarm)
- 3 TL Salz
- Fett für die Form
- Mehl für die Form

Zubereitung:

1. Die Zwiebeln schälen und zusammen mit dem Käse in Würfel schneiden.

2. Dann das Mehl in einer großen Schüssel mit den Zwiebeln, dem Käse und dem Salz mischen. Die Hefe fein darüber bröckeln, das warme Wasser darüber gießen und zu einem Teig verkneten (evtl. noch etwas Wasser oder Mehl hinzugeben, je nach Konsistenz).

3. Dann entweder den Teig zu einem Laib formen, auf ein Backblech geben und ca. eine Stunde gehen lassen oder den Teig in eine große oder zwei kleine gefettete und bemehlte Springformen geben und ebenfalls ca. eine Stunde gehen lassen. Natürlich kann man den Teig auch in eine normale Brotbackform geben oder Brötchen darauf formen.

4. Dann zuerst 10 min lang bei 200 °C im vorgeheizten Backofen backen, dann auf 180 °C herunterschalten und etwa weitere 60 min backen, bis das Brot eine leicht hellbraune Kruste hat.

Achtung: Die Backzeit hängt stark davon ab, wie man das Brot geformt hat – also ob einen großen oder mehrere kleine Laibe oder Brötchen – also lieber öfter nachschauen und die Backzeit gegebenenfalls reduzieren.

Tipp: Man kann natürlich auch noch Kräuter oder andere Gewürze nach Belieben beimischen.

Das Brot ist super einfach, lecker und schmeckt am besten einfach mit etwas Butter bestrichen.

51.

Lembas-Brot

Zutaten:

Für den Vorteig:

- » 150 g Weizenmehl (Typ 1050)
- » 175 g Dinkelmehl (Typ 630)
- » 75 g Roggenmehl (Typ 1150)
- » 300 g Wasser
- » 2 g Trockenhefe

Für den Hauptteig:

- » 250 g Weizenmehl (Typ 1050)
- » 250 g Dinkelmehl (Typ 630)
- » 25 g Roggenmehl (Typ 1150)
- » 150 ml Wasser
- » 10 g Backmalz
- » 10 g Salz
- » 200 g Sauerteig nach Grundrezept

Zubereitung:

1. Vorteig am Abend herstellen und über Nacht ungefähr 16 h im Warmen zugedeckt stehen lassen.
2. Am nächsten Tag alle Zutaten für den Hauptteig vermengen, dabei den Sauerteig und den Vorteig zugeben und ordentlich von Hand durchkneten.
3. 20 min abgedeckt rasten lassen. Danach noch einmal durchkneten und entweder einen großen Laib oder zwei kleine Laibe formen und ins Gärkörbchen packen, mit dem Schluss nach oben.
4. Nach etwa einer Stunde den Backofen vorheizen auf 230 °C und eine kleine Schüssel mit Wasser reinstellen.
5. Sodann den Teigling aufs Blech stürzen, einschneiden und in den Ofen schieben.
6. Die ersten 15 min das Brot mit der Wasserschüssel backen, danach den Dampf ablassen und bei 180 °C noch etwa 35 min fertig backen.

Tipp: Der Vorteig wird recht fest – das ist beabsichtigt. Man kann ihn fast von Hand kneten.

Es kann passieren, dass man beim Hauptteig etwas mehr oder weniger Mehl zugeben muss. Das kommt auf die Beschaffenheit des Sauerteiges an. Je nachdem, ob dieser recht flüssig oder eher zäh ist.

52.

Walnuss-Bananen-Brot

Zutaten:

- » 2 Bananen (reif)
- » 50 g Zucker
- » 250 g Mehl
- » 300 g Walnüsse (200 g grob gehackt, 100 g im Ganzen)
- » 200 g Rosinen (kann man auch weglassen)
- » 2 EL Öl
- » 3 EL Milch
- » ½ TL Natron
- » ¼ TL Salz
- » 2 Eier

Zubereitung:

1. Die Bananen mit einer Gabel zu Mus zerdrücken oder mit dem Pürierstab zerkleinern. Öl, Zucker, Milch und Eier hinzufügen und gut verrühren.

2. Natron, Mehl, Salz, Nüsse (und Rosinen) mischen und unter die Bananenmasse heben. In eine gut gefettete Kastenform (30 x 11 x 8) füllen. Mit halbierten Nüssen dicht belegen. Bei 200 °C Ober- und Unterhitze (oder Umluft ca. 180 °C) 40 min backen (unbedingt Garprobe machen).

Tipps: Statt Walnüssen kann man sehr gut auch Haselnüsse oder Mandeln nehmen. Statt Milch kann auch Wasser verwendet werden.

Sehr lecker mit Gouda, Honig oder Marmeladen. Schmeckt aber auch gut ohne Belag.

53.

Weizen-Roggen-Haferbrot

Zutaten:

- » 300 g Weizenmehl
- » 200 g Roggenmehl
- » 50 g Hafermark
- » 1 EL Salz
- » 1 EL Brotgewürzmischung
- » ½ Würfel frische Hefe
- » 370 ml Wasser (lauwarm)
- » Haferflocken zum Bestreuen

Zubereitung:

1. Alle Zutaten vermischen (frische Hefe in Wasser auflösen) und so lange kneten, bis sich der Teig vom Boden löst. Ca. zwei Stunden zugedeckt gehen lassen, danach durchkneten, einen Laib oder Wecken formen, aufs Backblech legen und nochmals 20 min gehen lassen.

2. Auf der Oberfläche mehrmals kreuzweise einschneiden, mit etwas Wasser bestreichen und mit Haferflocken bestreuen.

3. Bei 220° 10 min backen eine Tasse Wasser ins Rohr schütten dann bei 200° weitere 45 min backen.

54.

Low-Carb-Brot

Zutaten:

- 500 g Magerquark
- 6 Eier
- 2 TL Salz
- 200 g Möhren
- 2 EL Mandeln (gehackt)
- 4 EL Leinsamen (geschrotet)
- 50 g Weizenkleie
- 250 g Haferkleie
- 4 EL Sonnenblumenkerne, oder Kürbiskerne
- 1 Pk. Backpulver
- Fett, für die Form
- Haferflocken, Sonnenblumenkerne oder Kürbiskerne, zum Bestreuen

Zubereitung:

1. Backofen auf 200 °C Ober Unterhitze (oder Umluft: 180 °C) vorheizen.
2. Möhren grob raspeln und mit den restlichen Zutaten zu einem Teig vermengen.
3. Eine Kastenform von 30 cm Länge gut einfetten. Den Teig gleichmäßig in die Kastenform füllen. Die Oberseite des Teigs mit zusätzlichen Sonnenblumenkernen oder Haferflocken bestreuen.
4. Das Brot auf der mittleren Schiene 60 min backen.
5. Nach dem Backen das Brot möglichst früh aus der Form nehmen und gut auskühlen lassen. Danach das Brot in Brotpapier wickeln und im Kühlschrank lagern. Es bleibt so 4-5 Tage frisch und schmeckt richtig lecker.

Tipp: Das Brot mit Butter bestreichen und anschließend mit Salz und Schnittlauch bestreuen.

55.

Pesto-Basilikum-Brot

Zutaten:

Für den Teig:

- 250 g Mehl
- 1 TL Salz
- 2 TL Trockenhefe
- 160 ml Wasser, lauwarm

Für das Pesto:

- 1 Bund Basilikum (ca. 20 g abgezupfte Blättchen)
- 75 g Nüsse oder Samen (z.B. Walnüsse oder Pinienkerne)
- ¼ TL Pfeffer
- ½ TL Salz
- 2 EL Wasser
- 60 ml Olivenöl

Zubereitung:

1. Mehl in eine Schüssel geben und auf eine Seite das Salz und auf die andere Seite die Trockenhefe geben und leicht untermischen. Das lauwarme Wasser dazugießen und mit dem Knethaken für ca. 5 min zu einem geschmeidigen Teig kneten. Die Schüssel mit dem Teig zudecken und für mindestens eine Stunde gehen lassen, bis sich das Teigvolumen verdoppelt hat. Für das Pesto alle Zutaten außer das Olivenöl in einem Standmixer oder mit dem Stabmixer pürieren. Das Öl bei laufendem Motor einfließen lassen und alles fein pürieren.

2. Den Teig auf der bemehlten Arbeitsfläche zu einem ca. 45 x 30 cm großen Rechteck ausrollen. Anschließend gleichmäßig mit dem Pesto bestreichen, dabei einen kleinen Rand freilassen. Dann von der langen Seite her aufrollen. Mit einem scharfen Messer die Teigrolle auf beiden Seiten bis zur Mitte halbieren. Die Teigstränge miteinander verdrehen und das Brot auf ein mit Backpapier belegtes Blech legen.

3. Backofen auf 190 °C Ober- und Unterhitze (oder Umluft: 170 °C) vorheizen. Das Brot mit etwas Wasser bestreichen und auf der mittleren Schiene des vorgeheizten Backofens für ca. 25 min backen. Herausnehmen und leicht abkühlen lassen.

56.

Schwarzbrot

Zutaten:

- 125 g Roggenschrot
- 125 ml Wasser (heiß)
- 375 ml Buttermilch
- 1 Würfel frische Hefe
- 200 g Roggenvollkornmehl
- 250 g 5-Korn-Flocken
- 40 g Chiasamen
- 100 g Sonnenblumenkerne
- 2 TL Salz
- 200 g Zuckerrübensirup

Zubereitung:

1. Am Vortag Roggenschrot und heißes Wasser verrühren. Zugedeckt über Nacht quellen lassen.

2. Kasten oder Brotbackform fetten und mit Flocken ausstreuen.

3. Hefeteig zubereiten: Buttermilch erwärmen und die Hefe darin auflösen. Roggenmehl, Flocken, Chiasamen, Sonnenblumenkerne und Salz in einer Rührschüssel vermischen. Sirup, gequollenen Schrot und die warme Buttermilch-Hefe-Mischung hinzufügen und alles mit einem Rührlöffel zu einem weichen Teig verrühren. Den Teig in die Form geben, glattstreichen und zwei Stunden an einem warmen Ort gehen lassen.

57.

Hafer-Joghurt-Brot

Zutaten:

- 500 g kernige Haferflocken
- 150 g zarte Haferflocken
- 2 TL Backpulver
- 1 TL Natron
- 1 ½ TL Salz
- 1 EL Zucker
- 500 g Joghurt
- 1 Ei

Zubereitung:

1. Backblech mit Backpapier belegen.
2. Backofen auf 200 °C Ober- und Unterhitze (oder Umluft: 180 °C) vorheizen.
3. 450 g kernige Haferflocken z. B. in einem elektrischen Zerkleinerer fein mahlen. Hafermehl, zarte Haferflocken, Backpulver, Natron, Salz und Zucker in einer Rührschüssel mischen. Joghurt und Ei hinzufügen und alles mit einem Mixer (Knethaken) zunächst auf niedrigster, dann auf höchster Stufe zu einem Teig verkneten.
4. Kernige Haferflocken auf die Arbeitsfläche geben. Den Teig darin zu einem etwa 25 cm langen, runden Laib formen, in den restlichen Haferflocken wälzen und auf das Backblech geben und backen.
5. Backzeit beträgt etwa 60 min. Das Brot auf einem Kuchenrost erkalten lassen.

58.

Kürbiskern-Roggenschrot-Brot

Zutaten:

- 250 g Roggenvollkornschrot (fein)
- 375 ml Wasser (lauwarm)
- 250 g Weizenmehl (Typ 405)
- 1 Pk. Trockenhefe
- 1 TL Zucker
- 1 TL Salz
- 2 EL Speiseöl
- 150 g Kürbiskerne

Zubereitung:

1. Schrot in einer Rührschüssel mit dem warmen Wasser vermischen und zugedeckt, am besten über Nacht, (mind. 6 Stunden) quellen lassen.

2. Mehl mit der Hefe sorgfältig vermischen und zu dem gequollenen Schrot geben. Übrige Zutaten, außer die Kürbiskerne, hinzufügen und alles mit einem Mixer (Knethaken) kurz auf niedrigster, dann auf höchster Stufe in etwa 5 min zu einem glatten Teig verarbeiten. Von den Kürbiskernen 1 EL beiseitestellen, übrige Kerne gegen Ende der Knetzeit kurz unterkneten. Teig zugedeckt an einem warmen Ort so lange gehen lassen, bis er sich sichtbar vergrößert hat.

3. Backblech mit Backpapier belegen. Backofen auf 200 °C Ober- und Unterhitze (oder Umluft: 180 °C) vorheizen.

4. Den Teig leicht mit Mehl bestreuen und auf leicht bemehlter Arbeitsfläche kurz durchkneten. Aus dem Teig einen länglichen Brotlaib formen, auf das Backblech legen und nochmals so lange an einem warmen Ort gehen lassen, bis er sich sichtbar vergrößert hat.

5. Die Oberfläche des Teiges mit Wasser bestreichen, mit Kürbiskernen bestreuen und backen.

59.

Curry-Kürbis-Cashewkern-Brot

Zutaten:

- 300 g Hokkaido-Kürbis
- 100 g Cashewkerne
- 450 g Dinkelmehl (Typ 1050)
- 1 Pk. Trockenhefe
- 1 ½ TL Salz
- 1 TL Zucker
- 1 TL Curry
- 350 ml Wasser (lauwarm)
- 5 EL Olivenöl

Zubereitung:

1. Kürbis in Spalten schneiden, Kerne entfernen, ggf. schälen und 200 g Fruchtfleisch abwiegen. Kürbis auf einer Haushaltsreibe grob raspeln. Cashewkerne grob hacken und 1 EL davon zum Bestreuen beiseitestellen. Kastenform mit zurechtgeschnittenem Backpapier auskleiden.

2. Dinkelmehl mit Hefe, Salz, Zucker und Curry in einer Rührschüssel sorgfältig vermischen. Kürbis und übrige Zutaten hinzufügen und alles mit einem Rührlöffel zu einem glatten Teig verrühren.

3. Teig in die Kastenform füllen und zugedeckt an einem warmen Ort so lange gehen lassen, bis er sich sichtbar vergrößert hat. Backofen 200 °C Ober- und Unterhitze (oder Umluft: 180 °C) vorheizen.

4. Übrige Cashewkerne aufstreuen. Form auf dem Rost in den Backofen schieben.

5. Das Brot etwa 40 min backen.

60.

Hirse-Brot

Zutaten:

Ansatz:

- 50 g Weizenmehl (Typ 550)
- 1 EL Dinkelvollkornmehl
- 1 Pk. Trockenhefe
- 1 EL Honig
- 75 ml Wasser

Hirse:

- 200 ml Wasser
- 1 TL Salz
- 100 g Hirse

Brotteig:

- 200 g Weizenmehl (Typ 550)
- 250 g Dinkelvollkornmehl
- 1 TL Zucker
- 1 TL Salz
- 1 TL Brotgewürz (Koriander, Anis, Kümmel und Fenchel)
- 200 ml Wasser (lauwarm)

Zum Bestreichen und Bestreuen:

- Wasser
- Hirse

Zubereitung:

1. Am Vortag beide Mehlsorten mit der Hefe sorgfältig in einer Rührschüssel vermischen. Übrige Zutaten hinzufügen, mit einem Löffel verrühren und zugedeckt über Nacht stehen lassen.

2. Hirse: Wasser und Salz in einem kleinen Topf zum Kochen bringen. Hirse zufügen und etwa 5 min köcheln lassen. Gekochte Hirse etwas abkühlen lassen.

3. Brotteig: Zum Ansatz vom Vortag, beide Mehlsorten, Zucker, Salz, Gewürz, gekochte Hirse und Wasser zufügen und alles mit einem Mixer (Knethaken) kurz auf niedrigster, dann auf höchster Stufe in etwa 5 min zu einem glatten Teig verarbeiten. Teig zugedeckt an einem warmen Ort so lange gehen lassen, bis er sich sichtbar vergrößert hat.

4. Kastenform fetten und mit Hirse ausstreuen.

5. Teig auf leicht bemehlter Arbeitsfläche kurz durchkneten und zu einer etwa 25 cm langen Rolle formen. Teig in die Kastenform legen und zugedeckt an einem warmen Ort gehen lassen, bis er sich sichtbar vergrößert hat. Backofen vorheizen. Die Teigoberfläche mit etwas Wasser bestreichen und mit Hirse bestreuen. Form auf dem Rost in den Backofen schieben.

6. 15 min bei 240 °C Ober- und Unterhitze (oder Umluft: 220 °C) backen. Dann die Backofentemperatur auf 200 °C Ober- und Unterhitze (Umluft: 180 °C) reduzieren und das Brot ca. 35 min fertig backen.

61.

Vegetarisches Kräuterbrot

Zutaten:

- » 300 ml Milch
- » 50 g Butter oder Margarine
- » 300 g Weizenmehl
- » 300 g Dinkelmehl
- » 1 Würfel frische Hefe
- » 1 TL Zucker
- » 2 TL Salz
- » 1 Eiweiß
- » 100 g gemischte Kräuter (gehackt)

Zum Bestreichen:

- » 1 Eigelb
- » 1 EL Milch

Zubereitung:

1. Für den Teig Milch erwärmen und Butter oder Margarine darin zerlassen.

2. Beide Mehlsorten in einer Rührschüssel mischen. Hefe darauf bröckeln. Übrige Zutaten und die warme Milch-Fett-Mischung zufügen. Alles mit einem Mixer (Knethaken) zunächst auf niedrigster, dann auf höchster Stufe in etwa 5 min zu einem glatten Teig verarbeiten. Teig zugedeckt an einem warmen Ort so lange gehen lassen, bis er sich sichtbar vergrößert hat.

3. Teig auf leicht bemehlter Arbeitsfläche noch einmal kurz durchkneten und etwa 1/3 des Teiges abnehmen. Übrigen Teig in die gefettete Form geben und flachdrücken. Teigdrittel in 3 gleich große Stücke teilen und zu etwa 60 cm langen Strängen formen. Stränge zu einem Zopf flechten und auf den Teig an den Rand der Backform legen. Zugedeckt nochmals so lange gehen lassen, bis der Teig sich sichtbar vergrößert hat. Eigelb mit Milch verquirlen und Oberfläche damit bestreichen. Form auf dem Rost in den Backofen schieben. Das Kräuterbrot 40 min bei 180 °C Ober- und Unterhitze (oder Umluft: 160 °C) backen.

62.

Stockbrot

Zutaten:

- » 350 g Weizenmehl
- » ½ Würfel frische Hefe
- » 200 ml Wasser (lauwarm)
- » 2 EL Olivenöl
- » 2 TL Salz
- » 25 g gemischte Kräuter (gehackt)

Zubereitung:

1. Hefe im Wasser auflösen und mit dem Mehl in einer Rührschüssel sorgfältig vermischen. Die übrigen Zutaten hinzufügen und alles mit einem Mixer (Knethaken) zuerst auf niedrigster, dann auf höchster Stufe in etwa 2 min zu einem glatten Teig verarbeiten.

2. Den Teig mit Mehl bestreuen, aus der Schüssel nehmen und auf leicht bemehlter Arbeitsfläche noch einmal gut durchkneten. Den Teig zu einer Rolle formen und in 6 gleich große Stücke teilen. Aus jedem Teigstück eine etwa 40 cm lange Rolle formen. Die Teigrolle eng an der Spitze des Stockes beginnend um etwa 1/3 des Stockes wickeln.

3. Das Stockbrot am Stockende an die heiße Glut oder an das offene Lagerfeuer halten und das Brot in etwa 10-15 min, bis alle Seiten leicht gebräunt sind, backen.

Tipp: Das Stockbrot lässt sich auch im Backofen zubereiten. Dafür den Backofengrill auf Stufe 3 vorheizen. Das Stockbrot im oberen Drittel des Backofens halten und die Backofentür schließen. Den Stock vorsichtig drehen, bis die gewünschte Bräune des Brotes erreicht ist.

63.

Focaccia mit Rosmarin und Olivenöl

Zutaten:

- » 8 Zweige Rosmarin
- » 1/2 Würfel frische Hefe
- » 150 ml Wasser (lauwarm)
- » 225 g Mehl
- » ½ TL Meersalz
- » 7–8 EL Olivenöl
- » Mehl für die Arbeitsfläche

Zubereitung:

1. Rosmarin waschen, trocken tupfen, Nadeln von den Stielen zupfen und fein hacken. Hefe ins lauwarme Wasser hineinbröseln und darin auflösen. Mehl, Meersalz, die Hälfte des Rosmarins, 2 EL Öl und angerührte Hefe mit dem Knethaken des Handrührgerätes zu einem glatten Teig verkneten.

2. Sollte der Teig zu feucht oder klebrig sein, esslöffelweise Mehl unterkneten. Zugedeckt an einem warmen Ort ca. 30 min gehen lassen. Teig erneut durchkneten, auf einer bemehlten Arbeitsfläche rechteckig (ca. 20 x 30 cm) ausrollen.

3. Backblech mit Backpapier auslegen. Teig darauf geben, mit einem Kochlöffelstiel oder mit einem Finger Löcher hineindrücken. Erneut zugedeckt ca. 10 min gehen lassen. Brot mit 3–4 EL Öl beträufeln, mit Salz und übrigem Rosmarin bestreuen.

4. In den vorgeheizten Backofen (Ober- und Unterhitze: 200 °C / Umluft: 175 °C) geben und großzügig mit Wasser besprühen. 10–15 min braun backen. Herausnehmen, nochmals mit ca. 2 EL Öl beträufeln, mit einem Geschirrtuch abdecken und auskühlen lassen.

64.

Würziges Zucchini-Brot

Zutaten:

- 1 Würfel frische Hefe
- 250 ml Wasser (lauwarm)
- 100 g Gruyère-Käse
- 100 g gekochter Schinken
- 3 Zucchini (à ca. 200 g)
- 6 Stiele Thymian
- 500 g Mehl
- 1 TL Salz
- 100 g Haselnusskerne
- Fett und Mehl

Zubereitung:

1. Hefe im Wasser auflösen. Käse und Schinken in feine Würfel schneiden. Zucchini waschen, putzen, der Länge nach halbieren, Kerne auskratzen. Zucchini grob raspeln.

2. Thymian waschen, trocken schütteln, Blättchen von den Stielen zupfen. Hefewasser, Mehl, Salz, Thymian, Nüsse, Zucchini, Käse und Schinken mit den Knethaken des Handrührgerätes zu einem glatten Teig verkneten. Teig zugedeckt ca. 45 min an einem warmen Ort gehen lassen.

3. Teig erneut durchkneten und in eine gefettete und mit Mehl ausgestäubte Kastenform (1,8 Liter; unten 8 x 27 cm) füllen. Erneut ca. 45 min gehen lassen.

4. Im vorgeheizten Backofen (Ober- und Unterhitze: 225 °C/ Umluft: 200 °C) 25–35 min backen. Brot aus dem Ofen nehmen, ca. 10 min in der Form ruhen lassen, aus der Form stürzen und ganz auskühlen lassen.

   Tipp: Dazu schmeckt ein Schmand-Dip ausgezeichnet.

65.

Kartoffel-Rosmarin-Brot

Zutaten:

- » 600 g mehligkochende Kartoffeln
- » 1 Töpfchen Rosmarin
- » 200 g Weizenmehl (Typ 1050)
- » 150 g Dinkelmehl (Typ 630)
- » ½ Pk. Backpulver
- » 1 ½ TL Salz
- » 1 TL Edelsüßpaprika
- » 150 ml Milch
- » Mehl zum Formen
- » Meersalz

Zubereitung:

1. Die Hälfte der Kartoffeln mit Schale in kochendem Wasser ca. 20 min kochen. Abgießen, kalt abschrecken und schälen. Die noch heißen Kartoffeln mit einem Kartoffelstampfer zerstampfen. Auskühlen lassen. Rosmarin waschen und trocken tupfen, die Nadeln abstreifen und fein hacken.

2. Weizen und Dinkelmehl, Backpulver, Rosmarin (bis auf 2 EL), Salz und Paprika in einer großen Schüssel mischen. Rest der Kartoffeln schälen, waschen und fein reiben. Die geriebenen Kartoffeln ausdrücken. Geriebene und gestampfte Kartoffeln und Milch zum Mehl geben. Erst mit den Knethaken des Rührgeräts, dann mit den Händen zu einem glatten Teig verkneten.

3. Ofen vorheizen (Ober- und Unterhitze: 200 °C / Umluft: 175 °C). Backblech mit Backpapier auslegen. Teig auf bemehlter Arbeitsfläche zum runden Laib formen, auf das Blech setzen. Die Oberfläche mit einem scharfen Messer rund einschneiden. Mit Meersalz und Rest Rosmarin bestreuen.

4. Im heißen Ofen 50–55 min backen. Evtl. nach ca. 45 min abdecken. Auf einem Kuchengitter auskühlen lassen.

66.

Polka-dot-Brot

Zutaten:

- ½ Würfel frische Hefe
- 400 ml Wasser (lauwarm)
- 600 g Weizenmehl (Typ 550)
- 1 ½ TL Salz
- 2 EL Olivenöl
- 250 g frische Rote Beten
- Mehl

Zubereitung:

1. Hefe ins lauwarme Wasser bröckeln und darin auflösen. Mehl und Salz in einer großen Schüssel mischen. Hefewasser und Olivenöl zugießen. Alles mit den Knethaken des Rührgeräts zügig zu einem weichen Teig verkneten.

2. Teig mit einem Geschirrtuch zugedeckt an einem warmen Ort ohne Zugluft ca. eine Stunde gehen lassen. Rote Beten putzen, schälen und grob raspeln (Vorsicht, färben – Einmalhandschuhe tragen!). Die Roten Beten unter den aufgegangenen weichen Teig kneten. Zurück in die Schüssel geben und erneut ca. eine Stunde zugedeckt gehen lassen.

3. Den gegangenen weichen Teig auf einer bemehlten Arbeitsfläche zu einer Kugel formen. In einem mit Mehl ausgestäubten Brotgärkorb (ca. 22 cm Ø) ca. eine Stunde (bzw. bis sich das Teigvolumen verdoppelt hat) zugedeckt gehen lassen. Ofen vorheizen (Ober- und Unterhitze: 250 °C / Umluft: 225 °C). Backblech mit Backpapier auslegen.

4. Brot vorsichtig aus dem Korb auf das Blech stürzen. Sofort in den heißen Ofen schieben, Ofenwände mit Wasser einsprühen. Ca. 15 min backen. Temperatur reduzieren (Ober- und Unterhitze: 225 °C / Umluft: 200 °C).

67.

Eiweiß-Dinkelbrot

Zutaten:

- » 100 g gemahlene Mandeln
- » 100 g geschrotete Leinsamen
- » 4 EL Weizenkleie
- » 2 EL Dinkel-Vollkornmehl
- » 1 Pk. Backpulver
- » 1 TL Salz
- » 300 g Magerquark
- » 8 Eiweiß
- » 1–2 EL Weizenkleie zum Ausstreuen
- » 2 EL Kürbis und Sonnenblumenkerne

Zubereitung:

1. Mandeln, Leinsamen, Weizenkleie, Mehl, Backpulver und Salz mischen. Quark und Eiweiße dazugeben und mit den Knethaken des Handrührgerätes zu einem glatten Teig verkneten. Eine Kastenform (10 x 30 cm) mit Wasser einstreichen und mit Weizenkleie ausstreuen.

2. Den Boden der Form mit Backpapier auslegen. Teig in die Form füllen, mit Kürbis und Sonnenblumenkernen bestreuen. Im vorgeheizten Backofen (Ober- und Unterhitze: 175 °C / Umluft: 150 °C) ca. 50 min backen.

3. Brot ca. 10 min in der Form ruhen lassen, dann an den Rändern lösen und vorsichtig aus der Form stürzen.

68.

Kerniges Sechskornbrot

Zutaten:

- 150 g 6-Korn-Mischung
- ½ Würfel frische Hefe
- 500 ml Wasser (lauwarm)
- 1 EL Zucker
- 300 g dunkles Roggenmehl (Typ 1150)
- 300 g Weizenvollkornmehl
- 2 TL Salz
- 1 EL Brotgewürz
- 150 g Sauerteig nach Grundrezept
- Fett
- Mehl

Zubereitung:

1. Körnermischung mit kaltem Wasser übergießen (sie sollte ca. zwei Fingerbreit bedeckt sein). Über Nacht im Kühlschrank quellen lassen. Am nächsten Tag Körner abtropfen lassen. Hefe und Zucker flüssig rühren.

2. Beide Mehle, Salz und Brotgewürz mischen. Sauerteig und Hefe zufügen und mit dem lauwarmen Wasser angießen. Alles mit den Knethaken des Handrührgerätes mind. 5 min verkneten. Körner zum Schluss kurz unterkneten.

3. Zugedeckt am warmen Ort ca. eine Stunde gehen lassen. Kastenform (30 cm lang) fetten und mit Mehl ausstäuben. Teig einfüllen und glattstreichen. Zugedeckt weitere ca. 30 min gehen lassen.

4. Oberfläche mit einem feuchten Messer öfter einschneiden und mit Mehl bestäuben. In den vorgeheizten Backofen (Ober- und Unterhitze: 225 °C / Umluft: 200 °C) stellen und sofort herunterschalten (Ober- und Unterhitze: 200 °C / Umluft: 175 °C). Evtl. auf den Ofenboden eine kleine feuerfeste Schüssel mit Wasser stellen.

5. Brot ca. 50 min backen. Ca. 5 min abkühlen, stürzen und auskühlen lassen.

69.

Pfannenbrot

Zutaten:

- » 500 g Dinkelvollkornmehl
- » 2 TL Backpulver
- » 1/2 TL Salz
- » 2 EL Öl
- » 330 ml Wasser
- » Öl zum Ausbacken

Zubereitung:

1. Alle Zutaten in einer ausreichend großen Schüssel zu einem glatten Teig vermengen.
2. Etwas Öl in einer Pfanne erhitzen.
3. Pro Brot jeweils ein bis zwei Esslöffel Teig in das heiße Öl geben. Wahlweise können auch größere Pfannenbrote gebacken werden.
4. Die Hitze reduzieren, da die Pfannenbrote ansonsten schnell anbrennen, innen aber noch nicht durchgebacken sind. Die Brote von beiden Seiten goldgelb anbraten, das dauert pro Seite etwa drei bis fünf Minuten.
5. Das fertige Brot aus der Pfanne nehmen und, wenn nötig, das Öl etwas abtropfen lassen.

Tipp: Am besten schmecken die Pfannenbrote, wenn sie noch lauwarm sind.

70.

„No-knead bread" – Brot ohne Kneten

Zutaten:

- ½ Würfel frische Hefe
- 700 ml Wasser (lauwarm)
- 850 g + etwas Weizenmehl (Typ 550)
- 2 ½ TL Salz

Zubereitung:

1. Hefe im lauwarmen Wasser auflösen. Mehl und Salz in einer großen Schüssel mischen. Hefewasser kurz mit einem Holzlöffel unter das Mehl rühren. Schüssel mit Frischhaltefolie gut verschließen. Teig ca. 18 Stunden bei Zimmertemperatur gehen lassen.

2. Backpapier großzügig mit Mehl bestäuben. Hefeteig mit einem Teigschaber aus der Schüssel lösen, aufs Backpapier geben. Mithilfe des Papiers Teig von allen Seiten vorsichtig zur Mitte überschlagen, sodass ein rundlicher Brotlaib entsteht. Teig auf dem Backpapier vorsichtig wieder in die Schüssel geben, mit Folie verschließen, nochmals ca. eine Stunde gehen lassen.

3. Backofen vorheizen (Ober- und Unterhitze: 225 °C / Umluft: 200 °C). Einen kleinen Bräter (ca. 4,5 l Inhalt) mit Backpapier auslegen. Damit das Papier keine Falten wirft, einen Kreis auf den Boden und einen so breiten Streifen um den Rand legen, dass der Bräter komplett ausgelegt ist.

4. Bräter mit Deckel im Ofen erhitzen (10–15 min). Teig mit dem Backpapier aus der Schüssel heben. Vorsichtig den heißen Bräter aus dem Ofen nehmen. Hände dick mit Mehl bestäuben. Teig vom Backpapier heben und vorsichtig in den Bräter legen (Achtung: heiß!). Deckel daraufsetzen.

5. Im Backofen bei gleicher Temperatur ca. 30 min backen. Deckel entfernen. Backofentemperatur reduzieren (Ober- und Unterhitze: 200 °C / Umluft: 175 °C) und das Brot weitere ca. 30 min backen.

6. Brot aus dem Ofen nehmen, in ein Geschirrtuch einschlagen und auskühlen lassen.

Tipp: Es können noch Schinken, eingelegte Tomaten und Oliven hinzugefügt werden.

71.

Busy-People-Brot

Zutaten:

- » 4 TL Honig
- » 2 Pk. Trockenhefe
- » 1 l Wasser
- » 415 g Mehl (Typ 550)
- » 415 g Vollkornmehl
- » 3 TL Salz
- » 250 g Sonnenblumenkerne
- » 4 EL Kürbiskerne

Zubereitung:

1. Den Backofen auf 80 °C Ober- und Unterhitze vorheizen. Zwei 25 x 10 cm große Kastenformen einfetten und mit Backpapier auskleiden. In einer großen Schüssel den Honig in 500 ml kochend heißem Wasser auflösen. 500 ml kaltes Wasser dazu gießen und die Hefe einstreuen.

2. Die Schüssel für 10 min beiseitestellen. Die Hefemischung mit dem Schneebesen aufschlagen, anschließend beide Mehlsorten, Salz und Sonnenblumenkerne zugeben und die Zutaten mit einem großen Löffel vermischen, bis sie sich zu einem gleichmäßigen, sehr lockeren, nassen Teig verbunden haben.

3. Die Teigmischung jeweils zur Hälfte in die vorbereiteten Kastenformen gießen, gleichmäßig verstreichen und die Oberfläche glätten. Je 2 EL Kürbiskerne darüberstreuen, dann mit einem Messer die Teigoberfläche jeweils drei bis viermal einschneiden, damit die Brote beim Backen gleichmäßig aufgehen, ohne zu reißen.

4. Brote bei 80 °C 20 min backen, dann die Ofentemperatur auf 210 °C erhöhen und 30–40 min weiterbacken. Die Brote sind gar, wenn sie beim Klopfen auf der Unterseite hohl klingen.

5. Die noch heißen Brote aus der Form nehmen und abkühlen lassen.

Tipp: Sie halten sich mehrere Tage frisch und schmecken auch getoastet sehr gut.

72.
Vollkorn-Fladenbrot mit Frühlingsquark

Zutaten:

- 30 g Sesam
- 30 g Leinsamen
- 1 Würfel frische Hefe
- 250 ml Wasser (lauwarm)
- 1 TL Zucker
- 200 g Weizenvollkornmehl
- 250 g Weizenmehl (Typ 1050)
- 1 TL Salz
- Pfeffer
- 3 EL Öl
- 1 EL Weißweinessig
- Mehl
- 1 EL Milch
- Für den Frühlingsquark:
- 4 EL Milch
- 250 g Tomaten
- 5–6 Radieschen
- ½ Bund Schnittlauch
- 500 g Speisequark (20 % Fett)

Zubereitung:

1. 25 g Sesam rösten, herausnehmen. 25 g Leinsamen leicht zerstoßen. Hefe, Zucker und lauwarmes Wasser verrühren, bis sich die Hefe aufgelöst hat. Beide Mehle, gerösteten Sesam, Leinsamen und Salz mischen. 2 EL Öl, Essig, Hefemischung und evtl. noch 1–2 EL Wasser zufügen, ca. 3 min verkneten. Zugedeckt an einem warmen Ort ca. 45 min gehen lassen.

2. Teig auf einer bemehlten Arbeitsfläche nochmals durchkneten. Auf einem mit Backpapier ausgelegten Backblech zu einem ovalen Fladen (ca. 20 x 35 cm) ausrollen. Oberfläche rautenförmig einschneiden. Ca. 30 min gehen lassen. 1 EL Milch und 1 EL Öl verrühren. Brot damit bestreichen.

3. Mit restlichem Sesam und Leinsamen bestreuen. Im vorgeheizten Backofen (Ober- und Unterhitze: 200 °C / Umluft: 175 °C) 18–20 min backen. Auskühlen lassen.

4. Tomaten waschen, vierteln, entkernen und fein würfeln. Radieschen putzen, waschen und in Stifte schneiden. Schnittlauch waschen, trocken schütteln und in Röllchen schneiden. Quark und 4 EL Milch cremig rühren. Tomaten, Radieschen und Schnittlauch unterrühren. Mit Salz und Pfeffer abschmecken. Alles anrichten.

73.

Kartoffel-Apfel-Brot

Zutaten:

- 250 g mehligkochende Kartoffeln
- 250 g Weizenvollkornmehl
- 150 g Weizenmehl (Typ 550)
- 2 TL Salz
- 25 g + etwas weiche Butter
- 100 ml Wasser
- 100 ml Milch
- ½ Würfel frische Hefe
- 150 g Apfel (z. B. Boskop)
- 100 g Kürbiskerne

Zubereitung:

1. Kartoffeln gründlich waschen und mit Schale in kochendem Wasser ca. 20 min garen. Abgießen, kalt abschrecken und etwas ausdampfen lassen.

2. Pellen und noch heiß durch eine Kartoffelpresse drücken. Vollkornmehl, Weizenmehl, Salz und Butter zugeben. Milch und Wasser lauwarm erwärmen, Hefe zerbröckeln und darin auflösen. Zum Kartoffelteig geben und zu einem glatten Teig verkneten. Apfel schälen, vierteln, entkernen und grob raspeln.

3. Mit 80 g Kürbiskernen gleichmäßig unter den Teig kneten, wenn nötig noch etwas mehr Mehl unterkneten. Teig zugedeckt eine Stunde gehen lassen. Kastenform gut fetten.

4. Teig zu einem länglichen Laib formen und hineingeben, nochmals abgedeckt 30 min gehen lassen.

5. Backofen vorheizen (Ober- und Unterhitze: 200 °C / Umluft: 175°C). Brotoberfläche dünn mit Wasser bepinseln, mit übrigen Kürbiskernen bestreuen und ca. eine Stunde backen.

74.

Wurzelbrot

Zutaten:

- » 500 g Dinkelmehl
- » 100 g Weizenvollkornmehl
- » 1 Pk. Trockenhefe
- » 10 g Zucker
- » 360 ml lauwarmes Wasser
- » 15 g Salz

Zubereitung:

1. Zunächst alle Zutaten bis auf das Salz in eine große Schüssel geben und verkneten, bis sie gut vermischt sind. Dann das Salz hinzufügen und alles verkneten, bis ein glatter Teig entsteht.

2. Den Teig in eine saubere Schüssel geben, ihn mit etwas Mehl bestäuben und mit einem sauberen Geschirrtuch abgedeckt mindestens drei Stunden lang an einem warmen Ort gehen lassen. Den Teig dann auf eine bemehlte Arbeitsfläche legen und halbieren. Die Hälften zu länglichen Broten formen und sie dann für die typische Form mehrmals eindrehen.

3. Eine ofenfeste Schale mit etwa 500 ml Wasser auf den Boden des Backofens stellen und ihn auf 240 °C Umluft vorheizen. Die ungebackenen Brote auf ein mit Backpapier ausgelegtes Backblech legen und dort mit einem Geschirrtuch abgedeckt für weitere 20 min gehen lassen.

4. Dann die Brote in den vorgeheizten Ofen schieben und für 15 min backen. Anschließend die Temperatur auf 190 °C reduzieren und weitere 10 min fertigbacken!

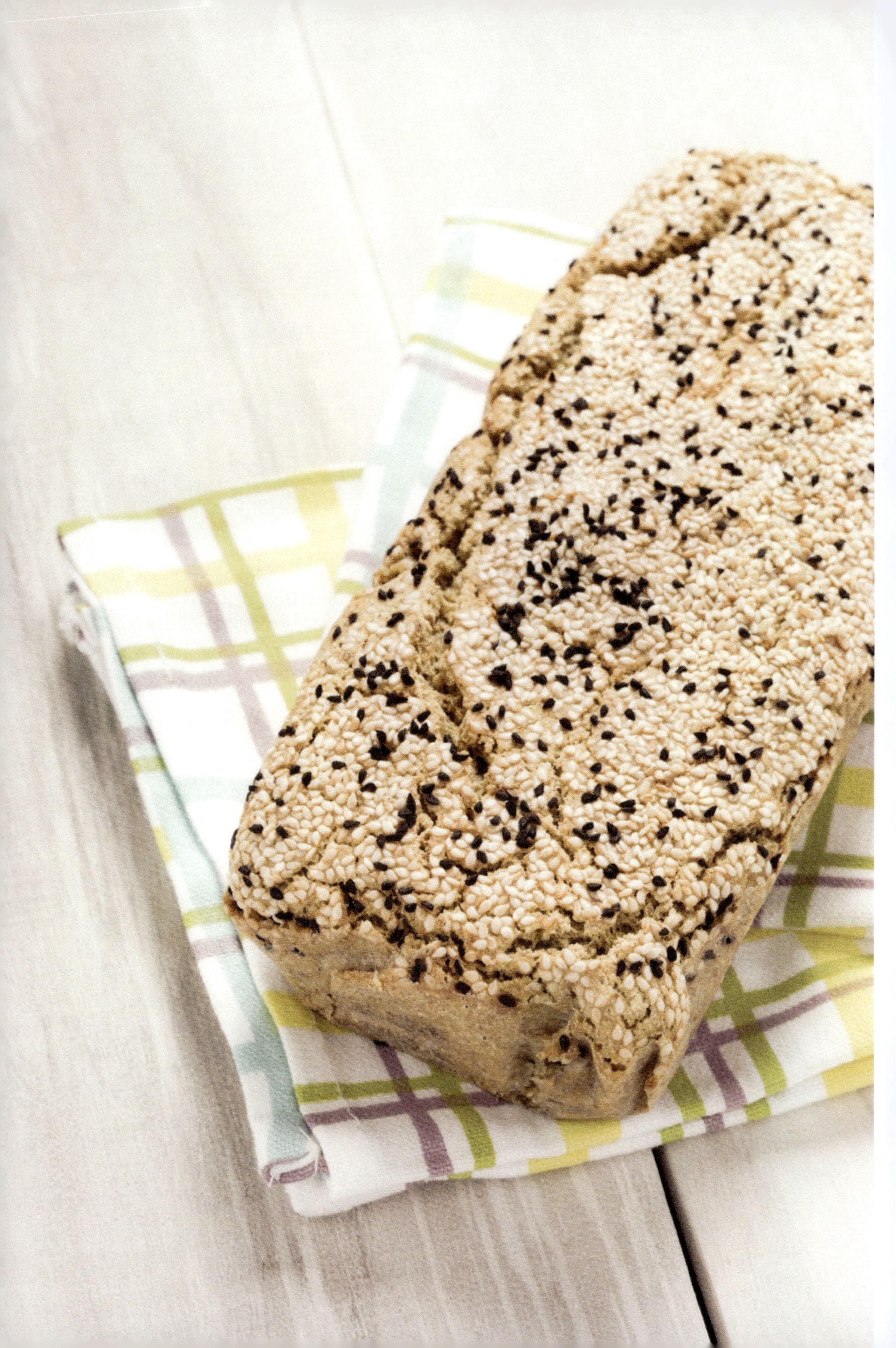

75.

Dinkel-Buchweizen-Brot

Zutaten:

- » 400 g Dinkelvollkornmehl
- » 100 g Buchweizenmehl
- » 2 TL Salz
- » 3 EL Obstessig
- » 1 Würfel frische Hefe
- » 500 ml Wasser (lauwarm)
- » 1 Tasse Leinsamen, Sesam oder Sonnenblumenkerne

Zubereitung:

1. Frische Hefe im warmen Wasser auflösen.
2. Alle Zutaten zusammenmischen und gut verrühren. In eine Kastenform füllen und im kalten Ofen auf 220 °C ca. eine Stunde backen.

Tipp: Die Saaten können beliebig ausgetauscht werden.

76.

Gestrudeltes Partybrot

Zutaten:

- » 375 ml Wasser (lauwarm)
- » 500 g Mehl
- » 1 TL Zucker
- » 1 1/2 TL Salz
- » 3 EL gefriergetrocknete Kräuter der Provence
- » 1 Pk. Trockenhefe
- » 2 EL Olivenöl
- » 150 g rotes Pesto
- » 300 g Schafskäse

Zubereitung:

1. Mehl, Zucker, Salz, Kräuter und Hefe in einer großen Schüssel mischen. Lauwarmes Wasser und Öl zufügen. Mit den Knethaken des Handrührgerätes zu einem glatten Teig verkneten.

2. Zugedeckt an einem warmen Ort ca. eine Stunde gehen lassen Teig auf einer gut bemehlten Arbeitsfläche mit bemehlten Händen kräftig durchkneten. Feuchtes Küchenpapier auf die Arbeitsfläche legen, ein Stück Backpapier (ca. 40 x 50 cm) darauflegen.

3. Dünn mit Mehl bestäuben. Teig darauf zu einem Rechteck (ca. 35 x 40 cm) ausrollen, Pesto gleichmäßig darauf verstreichen, dabei rundherum einen ca. 1,5 cm breiten Rand frei lassen. Käse gleichmäßig daraufbröseln. Von der Längsseite her mit Hilfe des Backpapiers eng aufrollen. Seiten etwas andrücken.

4. Mit der Nahtseite nach unten auf ein mit Backpapier ausgelegtes Backblech legen. Nochmals ca. 30 min an einem warmen Ort gehen lassen.

5. Im vorgeheizten Backofen (Ober- und Unterhitze: 225 °C / Umluft: 200 °C) ca. 10 min backen. Backofen herunterschalten (Ober- und Unterhitze: 200 °C / Umluft: 175 °C). Weitere 15–20 min backen.

6. Aus dem Ofen nehmen, auf ein Kuchengitter setzen und auskühlen lassen. In Scheiben schneiden.

77.
Indisches Naan-Brot aus der Pfanne mit Joghurt-Aioli

Zutaten:

- 250 g Mehl
- 1 TL Backpulver
- 1 TL Salz
- 180 g Vollmilch-Joghurt
- 125 ml Wasser (lauwarm)
- 3 Knoblauchzehen
- 1 Eigelb
- 125 ml Öl
- Salz
- Pfeffer
- 2 Stiele Koriander
- 1 EL Butter
- 1/2 TL ganzer Kümmel
- Frischhaltefolie

Zubereitung:

1. Mehl, Backpulver und Salz mischen, 30g Joghurt hinzufügen und nach und nach mit den Knethaken des Handrührgerätes lauwarmes Wasser einarbeiten, bis ein weicher Teig entsteht. Die Schüssel mit Folie bedeckt ca. eine Stunde ruhen lassen.

2. Inzwischen Knoblauch schälen. 1 Knoblauchzehe durch eine Knoblauchpresse drücken. Durchgepresster Knoblauch und Eigelb in einen hohen Rührbecher geben und mit dem Schneebesen des Handrührgerätes verrühren. Öl tröpfchenweise unter ständigem Rühren einlaufen lassen. 150 g Joghurt untermischen.

3. Mit Salz und Pfeffer würzen. 2 Knoblauchzehen in Scheiben schneiden. Koriander waschen und trockentupfen. Teig in 6 gleichgroße Stücke teilen und zu Kugeln formen. Jede Kugel auf einer bemehlten Arbeitsfläche oval (ca. 14 x 8 cm) ausrollen. Die Oberflächen leicht mit Butter bestreichen, wahlweise Koriander, Kümmel oder Knoblauch fest in den Teig drücken.

4. Eine große Pfanne stark erhitzen und die Naan-Fladen portionsweise hineingeben. Fladen ca. 1 min von jeder Seite backen (so lange backen, bis der Teig leicht Blasen schlägt und mit braunen Flecken übersät ist) und herausnehmen. Fladen möglichst warm mit Joghurt-Aioli reichen.

78.
Hefebrot mit Chili, Cheddarkäse und Mais

Zutaten:

- 3 rote Chilischoten
- 75 g Cheddar-Käse
- 2 Lauchzwiebeln
- 1/2 Würfel frische Hefe
- 150 ml Wasser (lauwarm)
- 175 g Mehl (Typ 405 und 550)
- 50 g Gemüsemais (Dose)
- 60 g Maisgrieß/Polenta
- 2 EL Olivenöl
- 1 Ei
- 1 EL Honig
- 1 ½ TL Meersalz
- ½ TL grob gemahlener schwarzer Pfeffer
- Fett
- Mehl

Zubereitung:

1. Chilischoten putzen, waschen, aufschneiden, Kerne entfernen. Schoten grob hacken. Käse reiben. Lauchzwiebeln putzen, waschen und in feine Ringe schneiden.

2. Hefe ins lauwarme Wasser hineinbröseln und unter Rühren auflösen. Mehl, Mais, Maisgrieß, Chilischoten, Käse, Olivenöl, Lauchzwiebeln, Ei, Honig, Salz, Pfeffer und angerührte Hefe in einer großen Schüssel zügig zu einem glatten Teig verkneten. Sollte der Teig zu feucht sein und kleben, esslöffelweise Mehl unterkneten.

3. Teig zugedeckt an einem warmen Ort ca. eine Stunde gehen lassen. Kastenform (ca. 1,5 Liter Inhalt) fetten und mit Mehl ausstäuben. Teig auf einer bemehlten Arbeitsfläche nochmals verkneten, in die Kastenform geben, darin etwas andrücken, bzw. in Form bringen. Teig mit einem scharfen Messer längs einschneiden. Zugedeckt nochmals ca. 20 min gehen lassen.

4. Form in den vorgeheizten Backofen (Ober- und Unterhitze: 175 °C / Umluft: 150 °C) geben, großzügig mit Wasser besprühen, 40–50 min backen, zwischendurch mehrmals mit Wasser durch die leicht geöffnete Ofentür besprühen.

5. Zum Schluss evtl. abdecken und Stäbchenprobe machen. Brot herausnehmen, nochmals kurz mit Wasser besprühen, mit einem Geschirrtuch bedecken und auskühlen lassen.

Tipp: Das Brot mit Butter servieren.

79.

Roggenbrot mit Sauerteig

Zutaten:

- 500 g Roggenvollkornmehl
- 100 g Weizenmehl (Typ 1050)
- 150 g Roggenmehl (Typ 1150)
- 2 TL Salz
- 1 Würfel frische Hefe
- 450 ml Wasser (lauwarm)
- 150 g Sauerteig nach Grundrezept
- 100 g Sonnenblumenkerne (ohne Schale)
- Mehl

Zubereitung:

1. Die verschiedenen Mehlsorten und 1 TL Salz in einer Schüssel mischen. Zum lauwarmen Wasser Hefe zufügen und darin auflösen. Sauerteig zugeben, alles verrühren und die Flüssigkeit mit 75 g Sonnenblumenkernen zum Mehl geben. Mit dem Knethaken des Handrührgerätes alles kurz verkneten.

2. Arbeitsfläche mit Mehl bestäuben. Teig auf die Arbeitsfläche geben und mit den Händen so lange verkneten, bis der Teig geschmeidig ist. Teig in die Schüssel legen, mit etwas Mehl bestäuben, mit einem Geschirrtuch bedecken und an einem warmen Ort 30-45 min gehen lassen, bis sich der Teig vergrößert hat.

3. Teig nochmals durchkneten und zu einer Kugel formen. Backblech mit Backpapier auslegen. Brotteig darauflegen und mit einem scharfen Messer ca. 1 cm tief einschneiden. 1 TL Salz mit 2 Teelöffel heißem Wasser auflösen und das Roggenbrot damit bestreichen. Die restlichen Sonnenblumenkerne darüberstreuen und andrücken. Brotteig weitere 15-20 min gehen lassen.

4. Im vorgeheizten Backofen (Ober- und Unterhitze: 225 °C /Umluft: 200 °C) ca. 15 min backen. Temperatur herunterschalten (Ober- und Unterhitze: 200 °C / Umluft: 180 °C) und 30-40 min weiterbacken. Brotlaib von unten anklopfen. Wenn es hohl klingt, ist es fertig.

80.

Buttermilchbrot

Zutaten:

- » 300 ml Buttermilch
- » 1 EL Zucker
- » 1 EL Salz
- » ½ Würfel frische Hefe
- » 500 g Weizenmehl
- » 1 TL Öl

Zubereitung:

1. Die Buttermilch in einen kleinen Topf füllen und leicht erwärmen. In die Schüssel geben und Zucker und Salz einrühren. Die Hefe leicht zerbröseln und auch diese hinzufügen. Das Ganze gut verrühren. Das Mehl einmal durch ein Sieb geben und zur Milch-Hefe-Mischung hinzufügen. Auch das Öl kommt mit in den Teig.

2. Den Teig nun gut kneten und ihn dann in ein feuchtes Küchentuch einwickeln. Ihn so für 15 min gehen lassen und danach für mehrere Minuten gut durchkneten. Eine Teigkugel formen, in eine Schüssel legen und diese mit dem Küchentuch bedecken. Den Teig nun für mindestens 30 min gehen lassen. Den Teig aus der Schüssel nehmen und noch einmal gut durchkneten.

3. Einen großen oder zwei kleine Brotlaibe formen und diese für weitere 10 min ruhen lassen. Den Teig mit Wasser benetzen und bei 220 °C Ober- und Unterhitze auf der untersten Schiene backen. Den Backofen vorzuheizen ist nicht nötig. Außerdem eine kleine mit Wasser gefüllte Schale mit in den Ofen stellen, sodass das Brot nicht zu trocken wird.

4. Ein großer Laib Brot ist nach ungefähr 45 min fertig. Bei zwei kleinen das Brot nach ungefähr 30 min kontrollieren. Ob es fertig ist, erkennt man an einem hohlen Geräusch, wenn man gegen die Unterseite des Brotes klopft.

81.

Dinkelbrot ohne Hefe

Zutaten:

- » 750 g Dinkelvollkorn oder Dinkelmehl
- » 1 TL Salz
- » 75 g Sonnenblumen– oder Rapsöl
- » 1 Pk. Weinsteinbackpulver
- » 500 ml Wasser

Zubereitung:

1. Die Schüssel zur Hand nehmen und das Mehl hineinsieben. Füge das Backpulver hinzu und vermische die beiden Zutaten miteinander.

2. Die restlichen Zutaten, also Salz, Öl und etwa 500 ml lauwarmes Leitungswasser hinzugeben und das Ganze gut durchkneten. Vermutlich muss noch etwas mehr Wasser hinzugegeben werden, sodass der Teig zwar zäh wird, aber gleichzeitig schön weich bleibt.

3. Eine Kastenform mit etwas Öl einfetten und den Teig hineinfüllen. Die Oberfläche des Brotes mit etwas Wasser benetzen und für etwa eine Stunde bei 160 °C Ober- und Unterhitze backen. Wir empfehlen, den Backofen nicht vorzuheizen – das spart Energie.

Wichtig: Ab und an nachschauen, wie das Dinkelbrot aussieht. Manche Öfen sind schneller als andere. Wenn das Brot die gewünschte Bräune erreicht hat, kann man es herausholen und auf einem Gitterrost auskühlen lassen.

82.

Essener Brot

Zutaten:

- » 500 g Dinkelkörner
- » 3 EL Leinsamen
- » 50 g Chiasamen
- » 200 ml Wasser
- » 1 TL Meersalz
- » 30 g Dinkelvollkornmehl
- » 2 EL Olivenöl

Zubereitung:

1. Die Dinkelkörner zusammen mit den Leinsamen und Chiasamen über Nacht in Wasser einweichen. Dann zwei Tage in einem Keimglas keimen lassen.

2. Wenn die Körner aufgekeimt sind, in eine Rührschüssel geben. Anschließend mit einem Pürierstab zerkleinern. Das Wasser, Salz, Mehl und Olivenöl hinzugeben. Alles zu einer einheitlichen Masse vermischen.

3. Den Teig auf einem Backblech verteilen. Den Teig mit einem Messer in fünf etwa gleich große Fladen schneiden.

4. Das Essener Brot mehrere Stunden in der Sonne oder alternativ auf der warmen Heizung trocknen lassen.

83.

Buchweizenbrot vegan

Zutaten:

- » 3 EL Chiasamen
- » 400 ml Wasser
- » 500 g Buchweizenmehl
- » 1 Pk. Weinsteinbackpulver
- » 2 TL Salz
- » eine Prise Zucker
- » 1 EL Olivenöl
- » eine Handvoll Sonnenblumenkerne (es könne auch Kürbiskerne oder Amaranth verwendet werden)

Zubereitung:

1. Die Chiasamen in eine kleine Schüssel füllen und etwa 100 ml warmes Wasser hinzugeben. Für 30 min quellen lassen. Anschließend den Backofen auf 220 °C Ober- und Unterhitze vorheizen.

2. Das Buchweizenmehl mit Backpulver, Zucker und Salz mischen. Etwa 300 ml Wasser sowie die Chiasamen hinzufügen und alles zu einem Teig verkneten. Dazu können eine Küchenmaschine, die Knethaken eines Handrührgeräts oder einfach die Hände benutzt werden.

3. Eine Kastenform mit dem Öl einfetten und den Teig gleichmäßig in die Form geben. Die Oberfläche des Teigs mit etwas Wasser bestreichen. Wahlweise zusätzlich einritzen und/oder mit Kernen oder Samen bestreuen. Dazu eignen sich Sonnenblumenkerne.

4. Das Brot für 40 bis 45 min im Ofen backen. Wenn es schön braun ist und eine knusprige Kruste hat, kann es herausgeholt werden.

84.

Eiweißbrot

Zutaten:

- » 100 g Leinsamen (geschrotet)
- » 100 g Mandelmehl (alternativ: gemahlene Mandeln)
- » 4 EL Weizen oder Haferkleie
- » 2 EL Vollkornmehl
- » 1 Pk. Backpulver
- » 1 TL Salz
- » 300 g Magerquark
- » 8 Eiweiße
- » eine Handvoll Kürbis und Sonnenblumenkerne

Zubereitung:

1. Zunächst alle trockenen Zutaten bis auf die Kerne in einer Rührschüssel vermischen. Die Eiweiße mit dem Quark in einer separaten Schüssel mischen.

2. Das Gemisch anschließend zu deiner Mehl-Mischung geben. Die Quark-Eiweiß-Masse vorsichtig unterheben, bis ein homogener Teig entsteht.

3. Eine Kastenform (10 x 30cm) mit Backpapier auslegen oder sie mit etwas Öl bepinseln. Sie anschließend mit etwas Mehl bestreuen. Den Teig in die Form geben und die Masse nach Belieben mit den Kernen bestreuen.

4. Das Brot kommt nun für 50 min bei 150° Umluft in den vorgeheizten Backofen. Danach kurz abkühlen lassen und vorsichtig aus der Form stürzen.

85.

Glutenfreies Brot

Zutaten:

- » 200 g Kichererbsenmehl
- » 500 g Maismehl
- » 3 TL Salz
- » 50ml Agavendicksaft
- » 2,5 TL Koriander
- » 2 EL Bio-Apfelessig
- » 750ml Mineralwasser mit Kohlensäure
- » 2 Pk. Trockenhefe
- » etwas Pflanzenöl zum Bestreichen

Zubereitung:

1. Als Erstes alle trockenen Zutaten vermischen. Anschließend nach und nach den Agavendicksaft, den Essig und das Mineralwasser hinzugeben und alles miteinander verrühren. Die Masse gut vermengen, damit sich die Hefe verteilt und keine Klümpchen bildet.

2. Nun eine Kastenform mit Backpapier auslegen. Den Teig in die Form geben und ihn ca. eine Stunde an einem warmen Ort ruhen lassen, bis er deutlich aufgegangen ist.

3. Danach das Brot für ca. eine Stunde bei 170 °C halb fertig backen. Das Brot anschließend aus der Form nehmen, mit Öl bestreichen und erneut bei circa 160 °C für 20 bis 25 min backen.

4. Das Brot aus dem Ofen nehmen, wenn es die Stäbchenprobe bestanden hat – wenn also kein Teig am Stäbchen hängen bleibt. Wenn das Brot einige Zeit ausgekühlt ist, kann man es servieren. Am Anfang ist es noch etwas bröselig, wird aber später viel fester.

86.

Schwarzbrot mit Roggenschrot

Zutaten:

- » 300 g Roggenschrot
- » 300 g Weizenschrot
- » 125 g Roggenmehl (Typ 1150)
- » 125 g dunkles Weizenmehl, oder Dinkelmehl
- » 150 g Sauerteig nach Grundrezept
- » 1/2 Würfel frische Hefe
- » 1 EL Rübensirup
- » 20 g Salz
- » 50 g geschrotete Leinsamen
- » 100 Sonnenblumenkerne
- » 300 ml Wasser
- » 300 ml Buttermilch, oder Wasser

Zubereitung:

1. Wasser und Buttermilch zusammen in einem Topf erwärmen, bis die Flüssigkeit lauwarm ist.

2. Die Hälfte der Flüssigkeit mit dem Roggen und Weizenschrot mischen und den Schrot drei bis vier Stunden einweichen lassen.

3. Die restliche Flüssigkeit gemeinsam mit der Hefe, dem Rübensirup und dem Roggen und Weizenmehl zu einem Vorteig verarbeiten. Diesen ebenfalls drei bis vier Stunden ruhen lassen.

4. Den eingeweichten Schrot, den Vorteig und den Sauerteig in eine große Schüssel geben und alle restlichen Zutaten hinzufügen – also Salz, Leinsamen und Sonnenblumenkerne.

5. Die Zutaten zu einem glatten und geschmeidigen Teig verkneten und diesen abgedeckt für etwa 45 min ruhen lassen.

6. Den Teig nach der Gehzeit noch einmal gründlich durchkneten und ihn anschließend für weitere 30 bis 45 min zur Seite stellen.

7. Anschließend den Teig in eine ausgefettete und bemehlte Kastenform geben oder von Hand formen und auf ein Backblech setzen. An dieser Stelle können noch mehr Sonnenblumenkerne oder andere Samen auf dem Brot verteilt werden.

8. Das Brot im vorgeheizten Ofen zunächst 30 min bei 230 °C Celsius backen. Die Temperatur dann auf 175 °C Celsius zurückschalten und weitere 30 min backen.

Tipp: Das Brot schmeckt am nächsten Tag noch besser, wenn es etwas durchgezogen ist.

87.

Walnussbrot

Zutaten:

- » 1 ½ Würfel frische Hefe
- » 400 ml Wasser (lauwarm)
- » 300 g Weizenmehl
- » 2 TL Meersalz
- » 100 g Honig
- » 60 ml Walnussöl oder Butter
- » 200 g gehackte Walnüsse
- » etwas Butter zum Anrösten der Walnüsse
- » 300 g Roggenmehl

Zubereitung:

1. Die Hefe zusammen mit 200 ml Wasser, drei Esslöffeln des Weizenmehls und dem Salz in eine Schüssel geben und alles verrühren, bis sich die Hefe auflöst. Das Ganze eine Viertelstunde ruhen lassen, sodass die Hefe aktiv werden kann.

2. Den Honig, das Öl und das restliche Wasser in die Mischung geben und rühren, bis der Honig sich auflöst. Die Mischung zur Seite stellen und weiter ruhen lassen.

3. Die gehackten Walnüsse rösten. Dazu erst die Brösel absieben, da diese zu schnell anbrennen würden. Dann etwas Butter in eine Pfanne geben und die Nüsse darin bei mittlerer bis hoher Temperatur rösten, bis sie leicht goldbraun sind. Darauf achten, dass sie nicht anbrennen. Ein Viertel der gerösteten Walnüsse beiseitestellen. Den Rest entweder mit einem sehr scharfen Messer oder mit einer Küchenmaschine sehr fein hacken.

4. Die fein und grob gehackten Walnüsse mit dem Mehl in einer Extraschüssel gut miteinander vermischen. Die Walnuss-Mehl-Mischung nun unter stetigem Rühren mit dem Knethaken eines Rührgeräts in die Schüssel mit dem Hefe-Wasser geben. Alternativ die Zutaten mit den Händen verkneten.

5. Den Teig kneten, bis er schön elastisch und nicht mehr klebrig ist. Den Brotteig jetzt zwei Stunden lang in der Schüssel gehen lassen. Den Teig nach der Wartezeit noch einmal kräftig per Hand durchkneten und ihn in eine Brotbackform geben.

6. Den Teig mit Wasser einpinseln und leicht mit Mehl bestäuben. Das Brot alle drei fingerbreit längs und quer einen Zentimeter leicht einschneiden. Das Brot circa zehn Minuten auf der unteren Schiene im Ofen bei 220 °C Umluft backen.

7. Weitere 45 min bei 180 °C backen. Da jeder Ofen in seiner Stärke variiert, sollte nach circa einer halben Stunde immer wieder sichergestellt werden, dass das Brot nicht verbrennt. Das fertige Brot herausnehmen und auf einem Rost abkühlen lassen.

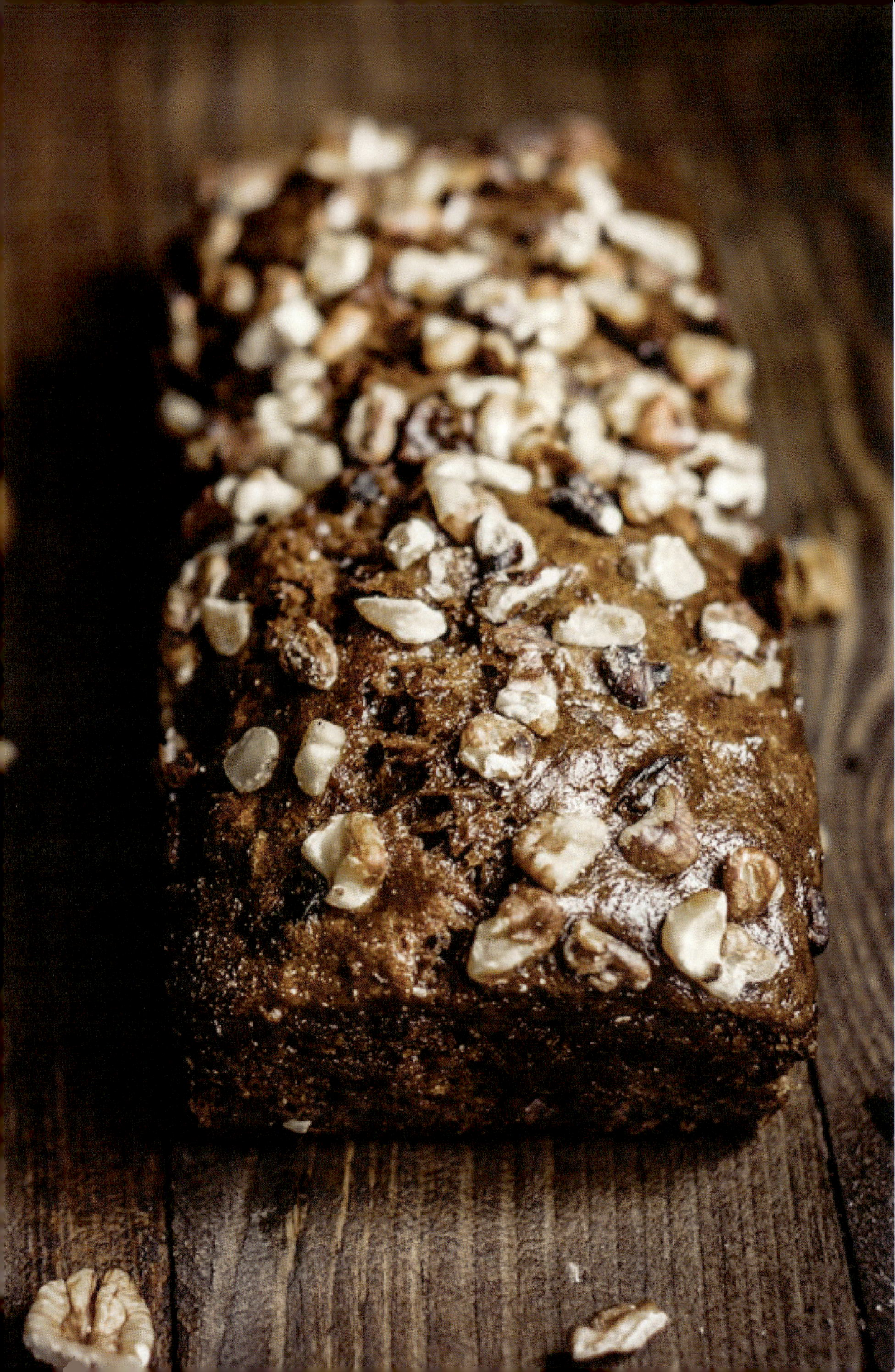

88.

Brot ohne Mehl

Zutaten:

- 35 g Haselnüsse
- 30 g Walnüsse
- 150 g Haferflocken oder Dinkelflocken
- 75 g Sonnenblumenkerne
- 60 g Kürbiskerne
- 90 g ganze Leinsamen
- 1 TL Salz
- 3 TL Margarine
- 1 EL Honig oder Löwenzahnsirup
- 350 ml Wasser (lauwarm)

Zubereitung:

1. Die Hasel und Walnüsse kleinhacken. Alle trockenen Zutaten in eine Schüssel geben und grob mit einem Löffel vermengen. Die Margarine schmelzen und mit Honig oder Sirup und Wasser vermengen, bis sich alle Zutaten verbunden haben.

2. Nun die flüssigen zu den trockenen Zutaten geben und die Mischung zu einem klebrigen Teig verrühren. Den Teig im Kühlschrank für mindestens drei Stunden oder am besten über Nacht ziehen lassen. Er sollte anschließend deutlich fester sein.

3. Eine Kastenform mit etwas Margarine einfetten und anschließend den Teig hineingeben. Das Brot kommt jetzt bei 175 °C Ober- und Unterhitze in den Ofen. Für ca. 20 min backen.

4. Das Brot anschließend aus der Kastenform nehmen und für weitere 40 min auf einem Rost oder Backblech backen. Das Brot vollständig auskühlen lassen.

89.

Paleo-Brot

Zutaten:

- » 3 Eier
- » 150 g Kokosmilch
- » 1 TL Natron
- » 1 TL Salz
- » 100 g Kürbiskerne
- » 200 g gemahlene Mandeln
- » 150 g Sonnenblumenkerne

Zubereitung:

1. Den Backofen bei 175 °C vorheizen.
2. Die Eier mit einem Schneebesen in einer Rührschüssel schlagen.
3. Die Kokosmilch, Natron und Salz dazugeben.
4. Anschließend die Kürbiskerne, Mandeln, Sonnenblumenkerne und Leinsamen untermischen.
5. Die Kastenform fetten.
6. Den Brotteig in die Kastenform gießen.
7. Das Brot etwa 60 min bei 175 °C im Ofen backen.

90.

Basisches Buchweizenbrot

Zutaten:

- » 500 g Buchweizenmehl
- » 2 EL Chiasamen
- » 120 g Buchweizen
- » 100 g Kürbiskerne
- » 3 TL Honig
- » 1300 ml Wasser
- » 50 g Amarant
- » 3 TL Meersalz
- » etwas Olivenöl

Zubereitung:

1. Den Buchweizen und die Kürbiskerne am Morgen in einem Glas Wasser einweichen. Etwa 450 ml verwenden, also doppelt so viel Wasser wie Kerne.

2. Anschließend über Nacht trocknen lassen. Am besten verteilst die Kerne dafür auf ein mit Backpapier ausgelegtes Backblech verteilen und auf die Heizung stellen. Die Chiasamen über Nacht in einem mit Wasser gefüllten Glas einweichen lassen. Die Chiasamen sollten dabei komplett mit Wasser bedeckt sein. Hierfür etwa 400 ml Wasser verwenden.

3. Die Buchweizenkörner und die Kürbiskerne in einem Mixer pürieren und anschließend kurz zur Seite stellen. Die eingeweichten Chiasamen samt Wasser noch einmal im Mixer vermengen.

4. Die Chiasamen, den Buchweizen, die Kürbiskerne, den Honig, 450 ml Wasser, das Meersalz und den Amarant in ein Gefäß geben und alles kräftig mit dem Buchweizenmehl verrühren.

5. Den Teig auf einem gefetteten Backblech verstreichen. Das basische Brot bei ca. 40 °C acht Stunden im Backofen trocknen lassen.

6. Das Brot wenden und weitere acht Stunden trocknen lassen, dann hat es die richtige Konsistenz

91.

3 min-Brot

Zutaten:

- 400 g Weizenmehl (Typ 405)
- 400 g Dinkelmehl
- 75 g Leinsamen
- 125 g Hirse
- 1 EL Gewürzmischung für Brot (Koriander, Kümmel, Fenchel)
- 1 Würfel frische Hefe
- 700 ml Wasser (lauwarm)
- 2 TL Salz
- 3 EL Zucker
- Fett für die Form

Zubereitung:

1. Die Hefe mit Salz und Zucker im lauwarmen Wasser auflösen. In eine große Schüssel die beiden Mehlsorten, Leinsamen, Hirse sowie das Brotgewürz geben und alles ein wenig verrühren. Es können auch beliebig andere Sorten Körner genommen werden, wie z. B. Sesam, Sonnenblumenkerne usw.

2. Die in Wasser aufgelöste Hefe zum Mehl geben und alles gut verkneten. Evtl. muss ein wenig mehr Mehl genommen werden, aber nur so viel, dass der Teig nicht mehr klebt. Den Teig in eine gefettete Backform geben und mit Wasser bepinseln. Darauf noch ein wenig Hirse streuen.

3. Die Brotform in den kalten Backofen geben. Auf 190 °C Ober- und Unterhitze einstellen und 60 min backen. Danach das Brot sofort aus der Form holen und auf einem Rost auskühlen lassen.

92.

Pita Brot

Zutaten:

- 500 g Mehl
- ½ Würfel frische Hefe
- 1 TL Salz
- 1 TL Zucker
- 6 EL Olivenöl
- 250 ml Wasser (lauwarm)

Nach Geschmack außerdem:

- Schwarzkümmelsamen
- Sesamsamen

Zubereitung:

1. Das Mehl auf die gesäuberte Arbeitsfläche geben und ein kleines Loch in der Mitte formen. In diese Mulde die Hefe bröseln und das Salz und den Zucker hinzufügen.

2. 3 EL Olivenöl und das Wasser in die Mulde gieße und alle Zutaten gut miteinander vermengen.

3. Den Teig so lange kneten, bis er eine glatte und seidige Oberfläche bekommt. Das kann bis zu 15 min dauern. Je länger geknetet wird, desto schöner wird später die Struktur des Pita-Brots.

4. Jetzt eine deutlich größere Schüssel über den Teigklumpen stülpen und ihn für 30 bis 60 min an einem warmen Ort ruhen lassen. Während dieser Zeit sollte sich sein Volumen verdoppeln. Den Teig nach der Ruhezeit in zwei Hälften teilen.

5. Auf der bemehlten Arbeitsfläche zwei längliche oder runde Fladen aus den beiden Hälften formen. Deine Finger benutzen, um längs und quer Rillen in die Teigoberfläche zu drücken. Dadurch werden die Ränder etwas dicker und es entsteht das typische Muster von Fladenbrot. Alternativ mit einem scharfen Messer Rauten in die Oberfläche schneiden.

6. Das Backblech mit etwas Olivenöl einfetten. Anschließend die beiden Teigfladen direkt auf das Backblech legen. Für dieses Pita-Brot-Rezept wird kein Backpapier benötigt. Das hat gleich zwei Vorteile: Einerseits fällt dadurch kein Müll an. Andererseits schmeckt das Brot direkt vom Backblech viel besser, weil es den Geschmack des Olivenöls aufnimmt. Die Oberfläche der beiden Pita-Fladen mit 3 EL Olivenöl bestreichen.
7. Dazu kann ein Küchenpinsel verwendet werden, ansonsten einfach die Finger, um das Öl auf dem Teig zu verreiben.
8. Das Fladenbrot abschließend mit Schwarzkümmel und Sesamsamen bestreuen, den traditionellen Gewürzen für Pita-Brot. Nach Belieben können auch andere Samen verwendet werden.
9. Die fertig geformten Brote vor dem Backen noch einmal für 15 min ruhen lassen. So bekommt dein Pita-Brot eine besonders lockere Krume und wird schön fluffig.
10. 1Die beiden Fladenbrote im Backrohr bei 220 °C für 15 bis 20 min hellgelb backen. Pita-Brot darf nicht braun werden, weil es sonst hart wird.

Tipp: Um für das Pita-Brot-Rezept Fett einzusparen, das Öl durch lauwarmes Wasser ersetzen.

93.

Veganes Naan-Brot

Zutaten:

- » 450 g Mehl
- » 1 Pk. Trockenhefe
- » 1 TL Salz
- » 1 EL Zucker
- » 170 ml Wasser
- » 100 ml Sojamilch
- » Speiseöl zum Ausbraten (z. B. Rapsöl)

Zubereitung:

1. Naan-Brot gelingt am besten mit hellem Mehl: Zwar enthält Weißmehl weniger Nährstoffe als Vollkornmehl, aber nur mit einem hellen Mehl wird das vegane Naan-Brot so fein wie das Original.

2. Alle trockenen Zutaten in einer Schüssel vermengen: Mehl, Trockenhefe, Salz und Zucker.

3. Dann das Wasser und die Sojamilch hinzugeben. Beides sollte lauwarm sein. Die Zutaten mindestens zehn Minuten zu einem glatten Teig kneten. Den Teig abgedeckt etwa eine halbe bis ganze Stunde an einem warmen Ort gehen lassen. Das Volumen des Teiges sollte sich in der Zeit verdoppeln. Den Naan-Teig noch einmal gut durchkneten und dann in acht gleich große Stücke portionieren.

4. Die Teigbällchen noch einmal für etwa 20 bis 30 Minuten an einem warmen Ort gehen lassen. Die Teig-Portionen zu etwa fünf Millimeter dünnen Fladen ausrollen. Wenig Öl in eine Pfanne geben und die veganen Naan-Brote bei höchster Stufe etwa zwei Minuten pro Seite ausbraten, bis sie Blasen schlagen und die Oberfläche leicht goldbraun ist.

5. Mit Sojamilch kommt das vegane Naan-Brot dem Original mit Joghurt geschmacklich am nächsten. Es kann aber auch ein anderer pflanzlicher Milchersatz deiner Wahl verwendet werden.

6. Um das vegane Naan-Brot noch etwas zu würzen, zusätzlich zwei Teelöffel Knoblauchpulver, zwei Teelöffel Korianderpulver und einen halben Teelöffel gemahlenen schwarzen Pfeffer zum Teig geben. Außerdem kann man den Teig auch um ganze Kreuzkümmelsamen und / oder Sesamkörner ergänzen.

Tipp: Ein guter Kompromiss zum hellen Mehl ist zum Beispiel Dinkelmehl Typ 63Es kann aber auch Weizenmehl verwendet werden. Anstelle der Trockenhefe kann auch ein halber Würfel frische Hefe verwendet werden.

94.

Ciabatta Brot

Zutaten:

- 250 g Mehl (Typ 405)
- ½ Würfel frische Hefe
- 5 g Salz
- 150 ml Wasser
- 2 EL Olivenöl
- Nach Geschmack können Oliven oder getrocknete Tomaten dazugegeben werden.

Zubereitung:

1. Die Hefe im Wasser auflösen. Sie dafür mit den Fingern zerbröckeln und mit dem Wasser verrühren.

2. Mehl und Salz miteinander mischen. Mit dem Mixer anschließend das Hefewasser dazumischen.

3. Gegebenenfalls die entsteinten Oliven kleinhacken. Sie und das Olivenöl in den Teig hinzufügen.

4. Nun muss der Teig eine ganze Weile ruhen: Am besten über Nacht an einen warmen Ort stellen, zum Beispiel auf dem Küchenfensterbrett.

5. Den Teig aus der Schüssel nehmen und das Ciabatta aus ihm formen. Bei doppelter Menge an Zutaten den Teig vorher noch halbieren.

6. Ein Backblech mit Backpapier auslegen und den Ofen auf 250 °C Celsius Ober- und Unterhitze einstellen.

7. Das Brot oder die Brote jetzt auf das Backblech legen und noch großzügig mit Mehl bestäuben.

8. Für ungefähr 20 min backen. Das Ciabatta-Brot dann aus dem Ofen holen und auskühlen lassen.

   Tipp: Den Ofen nicht vorheizen zu lassen, spart Energie. Die Brote einfach etwas länger im Ofen lassen. An die Unterseite des Brotes klopfen. Wenn es hohl klingt, kann es aus dem Ofen.

95.

Zupfbrot

Zutaten:

- » 1 Würfel frische Hefe
- » 250 ml lauwarmes Wasser
- » 1 TL Zucker
- » 500 g Weizenmehl
- » 1 TL Salz
- » 4 EL neutrales Öl (zu vielen Füllungen passt aber auch Olivenöl)
- » Füllung je nach Geschmack: z. B. Knoblauch, Käse, Lauch, Gewürze (Schnittlauch, Petersilie, Pfeffer)

Zubereitung:

1. Die Hefe in das lauwarme Wasser bröckeln. Den Zucker hinzugeben und rühren, bis sich Zucker und Hefe aufgelöst haben. Die Mischung etwa 15 min stehen lassen. Das Mehl in eine große Schüssel sieben und mit dem Salz vermischen. Das Öl und die Hefemischung hinzugeben.

2. Die Mischung über mehrere Minuten zu einem glatten Teig kneten. Den Teig zu einer Kugel formen und zugedeckt an einem warmen Ort für mindestens 45 min gehen lassen, bis er sein Volumen verdoppelt hat.

3. So formt man das Zupfbrot: Den aufgegangenen Hefeteig noch einmal durchkneten und ihn dann auf der bemehlten Arbeitsfläche zu einem Quadrat mit 48 cm Seitenlänge ausrollen (Tipp: Den Teig am Ende ein wenig mit den Händen zurechtziehen. Er muss aber kein perfektes Viereck ergeben). Den Teig mit der Füllung deiner Wahl belegen.

4. Das Teigquadrat in kleine Quadrate von etwa acht Zentimetern Seitenlänge schneiden (sodass sie gut in die Form passen). Die Kastenform hochkant hinstellen unddie Teigquadrate darin stapeln.

5. Die volle Form anschließend wieder richtig hinstellen und die Teigstücke gegebenenfalls etwas zurechtrücken. Die Form in den Ofen stellen und das Zupfbrot bei 200 °C für etwa 40 min backen.

6. Das fertige Brot in der Form etwa 15 min abkühlen lassen. Es dann aus der Form stürzen und noch warm servieren.

96.

Grillbrot

Zutaten:

- » 450 g Mehl
- » ½ Würfel frische Hefe
- » 150 ml lauwarmes Wasser
- » 100 ml Bier, hell
- » 2 TL Salz
- » Kräuter nach Wunsch, z. B. 2–3 frischer Rosmarin
- » etwas Olivenöl

Zubereitung:

1. Die Hefe zerbröckeln und mit dem lauwarmen Wasser mischen. Das Ganze mit einem Löffel umrühren, bis sich die Hefe komplett aufgelöst hat. Mehl, Salz und Kräuter in eine Schüssel geben und alles miteinander vermischen.

2. Sowohl das Hefewasser als auch das Bier zum Mehl geben und alles mit den Händen zu einem homogenen Teig verkneten. Die Schüssel mit einem Geschirrtuch abdecken und den Teig für ca. eine Stunde an einem warmen Ort gehen lassen. Dann sollte sich das Volumen verdoppelt haben.

3. Den Teig in vier Teile und forme flache, ovale Fladen teilen. Entweder ein Nudelholz zu Hilfe nehmen oder den Teigling in die Luft halten und den Fladen mit beiden Händen formen. Mit einer Gabel mehrmals in die Teiglinge stechen. Diese einölen, damit nichts auf dem Grillrost anpappt.

4. Die Fladen auf den heißen Grill legen. Damit das Brot nicht schwarz wird, vermeiden, den Teig direkt über die Flamme zu legen. Pro Seite benötigt das Grillbrot circa 5 min, bis es durch ist. Darauf achten, dass es schön braun ist und nicht verbrennt. Guten Appetit!

Tipp: Die Teigstücke am besten erst direkt formen und ölen, bevor man sie auf den Grill legt. Das Öl zieht nämlich in den Teig ein.

97.
Brot nach Vinschgauer Art ohne Kneten

Zutaten:

- 400 g Weizenmehl (Typ 550)
- 200 g Dinkelvollkornmehl
- 200 g Roggenvollkornmehl
- 50 g Roggenschrot
- 2 TL Brotgewürzmischung (Fenchel, Kümmel, Koriander)
- 1 TL Schabzigerklee
- 170 g Sauerteig nach Grundrezept
- ¼ Würfel frische Hefe
- 650 ml Wasser (lauwarm)
- 2 TL Salz

Zubereitung:

1. Hefe und Zucker im Wasser auflösen. Die restlichen Zutaten vermischen, dann das Hefewasser untermischen. Das funktioniert mit einem Holzlöffel, Knetmaschine ist nicht erforderlich.

2. Die Schüssel mit dem Deckel verschließen und den Teig 5 - 12 Stunden gehen lassen. Die Gehzeit ist abhängig von der Temperatur. Er sollte sein Volumen mindestens verdreifachen und schön blubbern. Bei Zimmertemperatur reicht bei mir eine Gehzeit von 5 Stunden.

3. Wenn ich mehr Zeit habe, bereite ich den Teig am Nachmittag zu und backe das Brot am nächsten Morgen. Über Nacht ist die Schüssel dann zum Gehen im Keller. Das müsst Ihr ausprobieren, wie und wo der Teig am besten geht.

4. Am nächsten Tag den Backofen inkl. Topf auf 200 °C vorheizen (45 min), dann den Teig auf eine mit Roggenschrot bemehlte Arbeitsfläche gleiten lassen, einmal von jeder Seite zur Mitte falten und dann ab damit in den Topf. Deckel darauf und 80 min bei 200 °C backen, danach noch 45 min ohne Deckel backen und auskühlen lassen.

98.

Schwäbisches Genetztes

Zutaten:

- ¼ Würfel frische Hefe
- 75 g Sauerteig nach Grundrezept
- 520 ml Wasser (kalt)
- 1 TL Honig
- 400 g Weizenmehl (Typ 405)
- 200 g Weizenmehl (Typ 1050)
- 150 g Roggenmehl (Typ 1150)
- 15 g Salz

Zubereitung:

1. Hefe und Sauerteig in etwas Wasser auflösen.
2. Mehl, Roggenmehl, Salz und Honig dazugeben und sieben min zu einer homogenen Masse verrühren.

3. Das Wasser ist als Maximalmenge angegeben. Ich würde (je nach Zusammensetzung des Sauerteiges) zuerst 350–400 ml zugeben und evtl. nachgießen, bis der Teig nach sechs Minuten Rühren sehr klebrig ist.

4. Nun den Teig 20 min gehen lassen, dann den Teig von den Seiten der Schüssel in die Mitte falten. Wieder 20 min gehen lassen. Das Falten noch zweimal wiederholen.

5. Jetzt den Teig bei kühler Raumtemperatur über Nacht gehen lassen (bei 15 °C - 16 °C z. B. im Keller).

6. Der Teig sollte sich mindestens verdoppelt haben (dauert je nach Raumtemperatur 8 - 12 Stunden). Alternativ den Teig für 24 Stunden in den Kühlschrank stellen.

7. Am nächsten Tag den Backofen mit einem Backblech auf 240 °C aufheizen.

8. Eine kleine 2 Liter Schüssel kräftig anfeuchten. Auf dem Boden darf ruhig ein wenig Wasser stehen. Den Teig mit einem nassen Teigschaber oder nassen Händen in die Schüssel geben und wieder von den Seiten der Schüssel in die Mitte falten, um ein wenig Spannung aufzubauen.

9. Das Brot aus der Schüssel direkt auf das heiße Backblech stürzen, insgesamt 40 - 55 min bei 240 °C backen. Nach 25 - 20 min auf 220 °C reduzieren.

10. 1Ca. 10 min vor Backende das Brot mit Wasser einstreichen, um eine glänzende Kruste zu bekommen. Nachdem das Brot aus dem Ofen kommt, kann man es sofort erneut mit einem nassen Pinsel mit Wasser abstreichen.

Tipp: Aufbewahren lässt sich das Brot am besten unverpackt, auf der angeschnittenen Seite stehend, bis zu 3 Tage.

99.

Hafer-Kartoffel-Brot

Zutaten:

- 250 g Kartoffeln (mehlig kochend)
- 1 Würfel frische Hefe
- 125 ml Wasser (lauwarmes)
- 350 g Weizenmehl
- 100 g Haferflocken
- 1 TL Salz
- Margarine fürs Blech
- 1 Eigelb zum Bestreichen
- Haferflocken zum Bestreuen

Zubereitung:

1. Die Kartoffeln kochen, pellen und abkühlen lassen (kann auch vom Vortag sein). Die Hefe in eine Tasse bröckeln und darin in 1 EL warmem Wasser auflösen.

2. Das Mehl mit den Haferflocken in eine große Schüssel geben, vermischen und in die Mitte eine Mulde drücken. Das Salz auf den Schüsselrand streuen. Die angerührte Hefe in die Mulde gießen. Die Kartoffeln durch eine Presse drücken oder stampfen, zusammen mit dem restlichen Wasser in die Schüssel geben und alles kräftig miteinander zu einem Teig verkneten. Den Teig zur Kugel formen und zugedeckt an einem warmen Ort 40–45 min gehen lassen.

3. Den Backofen auf 225 °C vorheizen. Ein Backblech mit Margarine einfetten. Den Teig erneut gut durchkneten und 2 Laibe daraus formen. Die Laibe auf das Blech legen und jeweils an der Oberfläche dreimal quer einritzen. Das Eigelb mit etwas Wasser glattrühren und die Brote mit der Mischung bestreichen. Mit Haferflocken bestreuen und im Ofen auf der mittleren Einschubleiste etwa 30 min backen. Die Brote danach auf einem Gitterrost abkühlen lassen.

Hinweis: Die Brote werden nicht sehr groß, man kann auch 1 Brot machen – dann aber die Backzeit verlängern.

100.
Dinkel-Walnuss-Brot mit Aprikosen-Mango-Aufstrich

Zutaten:

- 200 g Walnusskerne
- 1 Würfel frische Hefe
- 500 ml Wasser (lauwarm)
- 500 g Dinkel-Vollkornmehl
- 2 leicht gehäufte TL Salz
- 2 EL Apfelessig
- Fett
- Mehl
- Für den Aufstrich:
- 1 große reife Mango (ca. 450 g)
- 200 g Aprikosen
- 1–2 TL Zitronensaft
- 1 Messerspitze frisch geriebener Ingwer

Zubereitung:

1. Walnusskerne grob hacken. Hefe im lauwarmen Wasser unter Rühren auflösen. Mehl und Salz in einer Schüssel mischen. HefeWasser, Walnüsse und Essig zufügen.

2. Mit den Knethaken des Handrührgerätes ca. 3 min verkneten (Teig ist eher weich), Teig sofort (nicht gehen lassen) in eine gefettete, mit Mehl ausgestäubte Kastenform (ca. 12 x 25 cm) geben.

3. Im vorgeheizten Backofen auf unterer Schiene (Ober- und Unterhitze: 225 °C / Umluft: 200 °C) 30–35 min backen. Eventuell noch ca. 5 min im ausgeschalteten Backofen stehen lassen. Brot aus der Form stürzen und auf einem Küchengitter mindestens drei Stunden auskühlen lassen.

4. Für den Aufstrich Mango schälen und Fruchtfleisch vom Stein schneiden. Aprikosen evtl. kleiner schneiden. Mango, Aprikosen und Zitronensaft pürieren. Ingwer unterrühren. Brot in Scheiben schneiden und den Aufstrich dazureichen.

Haftungsausschluss

Die Umsetzung aller enthaltenen Informationen, Anleitungen und Strategien dieses Werkes erfolgt auf eigenes Risiko. Für eaige Schäden jeglicher Art kann der Autor aus keinem Rechtrund eine Haftung übernehmen. Für Schäden materieller oder ideeller Art, die durch die Nutzung oder Nichtnutzung der Infoationen bzw. durch die Nutzung fehlerhafter und/oder unvoltändiger Informationen verursacht wurden, sind Haftungsaprüche gegen den Autor grundsätzlich ausgeschlossen. Ausgchlossen sind daher auch jegliche Rechts- und Schadensersatnsprüche. Dieses Werk wurde mit größter Sorgfalt nach bestem Wissen und Gewissen erarbeitet und niedergeschrieben. Für die Aktualität, Vollständigkeit und Qualität der Informationen übeimmt der Autor jedoch keinerlei Gewähr. Auch können Drucehler und Falschinformationen nicht vollständig ausgeschlossen werden. Für fehlerhafte Angaben von dem Autor kann keine jistische Verantwortung sowie Haftung in irgendeiner Form übernommen werden.

Urheberrecht

Alle Inhalte dieses Werkes sowie Informationen, Strategien und Tipps sind urheberrechtlich geschützt. Alle Rechte sind vorbehaen. Jeglicher Nachdruck oder jegliche Reproduktion – auch nur auszugsweise – in irgendeiner Form wie Fotokopie oder ähnlhen Verfahren, Einspeicherung, Verarbeitung, Vervielfältigung und Verbreitung mithilfe von elektronischen Systemen jeglicher Art (gesamt oder nur auszugsweise) ist ohne ausdrückliche schriftliche Genehmigung des Autors strengstens untersagt. Alle Übersetzungsrechte vorbehalten. Die Inhalte dürfen keinesfalls veröffentlicht werden. Bei Missachtung behält sich der Autor rechtliche Schritte vor.

Printed in Poland
by Amazon Fulfillment
Poland Sp. z o.o., Wrocław
26 November 2023